＼老後のための最新版／

やってはいけないお金の習慣

知らないと
5年後、10年後に
後悔する39のこと

経済ジャーナリスト
荻原博子

青春出版社

はじめに

老後に「こんなはずじゃなかった」とならないために新しい〝お金の習慣〟を身につけましょう

2011年に『やってはいけないお金の習慣』を出版した際には、人口が減少し高齢化が進む日本で、「今までと同じような生活スタイルやお金の使い方、貯め方では、生活が立ちゆかなくなってしまうのではないか」といったことを問題提起してみました。

そして、今までの生活習慣や家計管理のやり方を振り返り、ほんの少し変えて、新しいお金の習慣を身につける方法などを紹介しました。

あれから丸5年経ちましたが、状況はまったく変わっていません。それどころか、日本のみならず世界経済の動きも鈍化して、先々の見通しはますます立ちにくくなっています。そこで今回、最新版としてまとめ直したのが本書です。

この5年間に、国内ではアベノミクスへの期待から株価は上昇し、為替は円安に動いて、景気は一時的に回復の兆しをみせました。しかし、2年で2%の物価上昇を目指して実施した日銀による異次元の量的緩和も効果は長続きせず、物価の伸びはとどまって、デフレからの脱却はまだ達成できていません。

物価が狙い通りに上がらなかったのは、給料などが上がらなかったからです。

正確にいえば、政府の強い要望で一部の大企業などは給与やボーナスを上げましたが、多くの企業、とくに中小企業ではアベノミクスによる恩恵は行き渡らず、給料を上げられるだけの売り上げや利益の増加もなかったからです。

もちろん、一般の家庭でも将来に明るい見通しが立たない中で、財布の紐を緩めることはできません。ユニクロなどは商品を値上げした途端に、売り上げがガクンと減ったため、慌てて再度値下げを断行しました。

そこで日銀はついに、２０１６年2月半ばから、マイナス金利政策を実施。金融機関は必要以上に日銀にお金を預けると、その分だけソンをするため、企業への貸し出しなどを増やし、世の中に流れるお金が増えて、インフレへとつながることが期待されましたが、これによる経済効果もまだ表れていません。

こうして世の中は相変わらずデフレが続き、消費税10％への引き上げは再度延期されましたが、いずれは引き上げられる時がやってきます。収入が増えにくい中で、税金と社会保険料の負担は重くなり、マイナス金利政策によって預金金利はさらに低下。これでは安心してお金を使うことはできません。

まして、老後の年金も今より先細りになりそうな現状を考えれば、将来のために少しでもお金を貯めておこうと考えるのは当然のことでしょう。

当面、国内景気は2020年の東京オリンピックまでは何とかもたせても、その後はガクンと落ちることも予想されます。しかし10年後、20年後のことまでは、誰も正確に予測することはできません。それより先の、今45歳の人が75歳になる30年後は、人口が今より20%も減少し、住宅は余り、理想の生活スタイルや1万円の価値も、今とはかなり違っているかもしれません。

ですから、何事も今の価値観だけで決めつけ、行動するのは考えものです。

今わたしたちにできることは、世の中がどのように変わっても、慌てずに臨機応変に対応できるだけのお金の習慣や生活力を身につけておくことではないでしょうか。それさえ身につければ、老後の生活もおそれる必要はありません。そのためのヒントを本書から読み取っていただければ幸いです。

2016年8月　荻原博子

「老後のための最新版　やってはいけないお金の習慣」◉もくじ

1章　やってはいけない　これからのお金の考え方

2章 やってはいけない 家計運営の習慣

3章　やってはいけない　節約の習慣

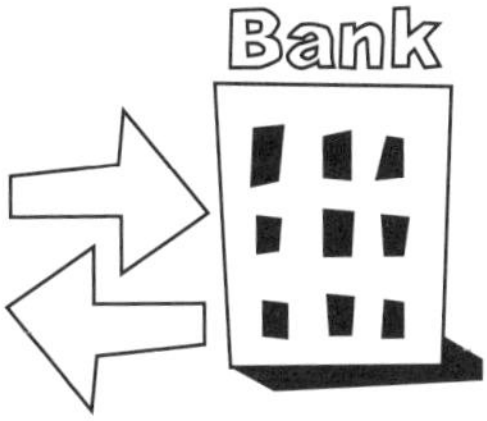

4章 やってはいけない お金の貯め方・増やし方

5章

やってはいけない　お金の借り方

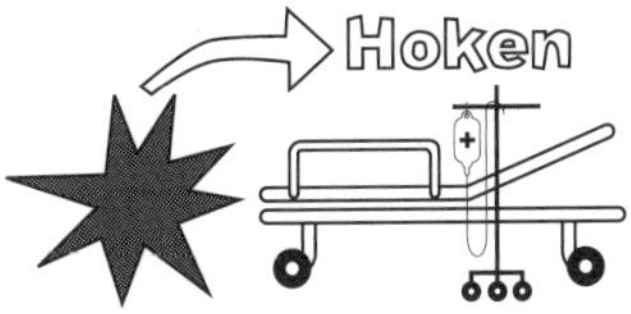

6章　やってはいけない　保険の入り方・見直し方

7章 やってはいけない 老後への備え方

構成――光田洋子（インタープレス）
本文デザイン・イラスト――保坂一彦
本文DTP――アズテック

《1章》

やってはいけない
これからのお金の考え方

住宅、車、教育費…とくに贅沢しない〝普通〟の暮らしで「老後貧乏」に!?

「とくに贅沢な暮らしをしなければ、老後もなんとかなるだろう」

そんなふうに考えてはいませんか？　しかし、今後は平均的な生活を送り、人並みの家と車を買い、子どもにも人並みの教育を受けさせていくと、いずれは家計が破綻してしまう可能性が出てきます。定年までは何とか乗り切ったとしても、老後には夫婦二人で人並みの暮らしを維持することが難しくなるかもしれません。

まずは現在、**教育費に悩む40代の家庭の例**をご紹介しましょう。

夫は45歳で大手メーカーに勤める働き盛り。手取り年収は約７００万円。同い年の妻もパートで月８万円くらい、年に１００万円弱の収入があります。世帯の手取り年収は800万円と、この時代では恵まれた家庭といえるでしょう。ただし、**子どもは中学3年と高校3年生の二人で、どちらも私立に通っています。**そのため、学費と塾代などで、二人の年間の教育費は200万円くらいかかっていました。「そんなに多いの?」と思う人もいるかもしれませんが、この教育費は、私立中学と私立高校に通う子どもの一人当たりの教育費から見ると、ほぼ平均的な金額(文部科学省の「子供の学習費調査」)。子ども二人は、それぞれ私立の大学に進む予定ですが、貯蓄は〝こども保険〟を含めて600万円弱と少なめでした。

この家庭の基本生活費は月25万円程度と、けっして贅沢な暮らしをしているわけではありません。ただ、10年ほど前に購入した家の住宅ローンが65歳まであり、年間168万円もの返済が続くのが負担といえば、大きな負担。ですが、5年ごとに買い替える車も150万円ほどの小型車と、いたって普通の生活です。

夫の60歳の退職時には2000万円程度の退職金も見込めるため、二人の子どもの結婚時には、それぞれに人並みの援助をしたいと思っています。

そんな生活設計で、**将来の家計収支を試算すると、夫の定年退職後は夫婦二人の生活費を高齢無職世帯の平均額で考えても、夫が70歳くらいで貯蓄が底をつき、家計は**

破綻してしまうことが予想されます。

もう少し若い世代では、さらに厳しい将来になるかもしれません。

夫30歳、妻28歳で結婚した場合で考えてみましょう。結婚当初は共働きで、年収は夫が450万円、妻は300万円で、世帯年収は約750万円。3年後に子どもが生まれ、さらに5年後、夫が38歳のときに3900万円のマイホームを購入。

このとき、頭金と諸費用で約1000万円を貯蓄から支払い、3000万円の住宅ローンを組んだとしましょう。その後の家計収支を試算すると、妻が退職して専業主婦になると、**夫一人の収入では住宅ローンの支払いと子どもの教育費で家計は赤字に転落します**。子どもは高校まで公立だったとしても、それ以前に家計は破綻してしまうかもしれません。

ここであげたマンション購入時の世帯年収、マンションの購入価格、住宅ローンの借入額などは、「フラット35利用者調査」(2015年度)の平均額に近い金額です。つまり、人並みの収入で人並みのマイホームを購入した場合に、妻が退職して専業主婦の生活を続けようとすると、こうなるという例です。

家を買う前によほどたくさんの貯蓄があれば別ですが、住宅購入後に手元に残る貯蓄が100万～200万円程度だと、夫一人の収入が450万円くらい（2014年の民間給与の平均額・30歳前半男性）では、その後の家計はもたないということです。

年齢とともに収入が増えるとは限らないこれからは、このように、**人並みの生活費で今までと同じような生活設計をしていると、家計はかなり苦しくなり、思い通りの暮らしはできなくなる、**ということを覚悟したほうがいいでしょう。

ではどうすればいいのか、あれもこれも、すべて人並みにやっていこうとは思わないこと。自分たちは、わが家は何を優先したいのかをよく考えて、それ以外のことはすっぱりあきらめ、妻も働いて夫婦で家計を支えることが必要になるでしょう。

こうすればOK

★人並みの暮らしなど考えず、本当に必要なものにだけお金をかける
★妻も働いて世帯収入を増やし、老後まで困らない生活設計を考える

NOT

「老後資金は3000万円必要」と若いうちから焦らない、無理をしない 50歳から準備をしても大丈夫

給与が年齢とともに増える時代ではなく、老後の年金にも期待が持てない今、若い人、特に20代〜30代前半では老後資金の準備をできるだけ早く始めるほうがいいと考える人が増えています。マネー誌などにも、そのようなことが書いてあります。

しかし、20代や30代のときから、老後のための積み立てなどをする必要はありません。老後のことは50歳くらいから考えて準備をすればいいのです。

なぜなら、**5年先の見通しも立てづらい今の段階で、20年も30年も先のことを考えて老後資金を準備しても、その計画自体が大幅にくるってしまう可能性が高い**からです。実際に、過去10年くらいを振り返っただけでも、経済情勢や国の政策、公的保障、

会社員などの給与や雇用環境はどんどん変わってきました。

これから先、たとえば今ハイハイしている子どもが大学を卒業するころには、人手を使う仕事の多くは機械やコンピュータに取って代わられ、求められる仕事や人気の職業も今とはまったく変わっているだろうともいわれています。世の中の状況や生活環境、お金の価値もかなり違うものになるでしょう。そう考えると、今の基準で考えた老後の生活や資金プランがどれだけ役に立つのでしょうか。

ひと頃、「会社員の老後資金は３０００万円必要」などといわれ、これを貯めるには少しでも早く取りかからないと間に合わない、という考え方が広がりました。

たしかに、60歳までに３０００万円を貯めようと思ったら、30歳から始めても毎月8万円以上の積立が必要になります。そんなのは難しいため、20代から月に1万でも2万でもスタートして、年齢とともに積立額を増やし、足りない分は運用で増やしていくという準備の仕方が、老後資金作りの基本のように思われてきました。

しかし、20代や30代の人で、目の前に必要なお金を貯めたうえで、老後のために毎月数万円の積立を捻出できる人がどれだけいるでしょうか？　そんなお金があれば、それを目の前の生活資金に充てたり、数年後に必要な結婚資金や住宅資金、子どもの教育資金にまわしたほうが、もっと生きたお金の使い方ができると思います。

今後の住宅資金や教育資金を一つひとつ乗り越えて、数年先の生活に備えて着実に貯蓄を積み上げていく人のほうが、老後の準備にもスムーズに入れるでしょう。

実際のところ、結婚年齢や出産年齢も30年前と比べて平均で4〜5歳上がっていますから、40代ではまだ子どもが小さく、住宅ローンの負担も重いという家庭はけっこう多いでしょう。**40代までは足元の家計をしっかり固め、教育費の目途を付けて、住宅ローンがあれば少しでも早く返し終わることを心がけることが大切**です。

住宅ローンを50代以降支払い続けるかどうかで、「老後貧乏度」が決まります。50歳で借金と貯蓄のバランスがプラス・マイナス・ゼロになっていれば、あとはぐんとラク。貯蓄はなくても借金がない状態にしたら、50歳くらいから老後の準備を始めれば、先々の暮らしの目途もつき、より現実的で柔軟なプランが立てられます。

肝心の老後資金についても、3000万円も必要とは限りません。

たとえばの話、**今50代で、夫婦の一方がずっと会社員や公務員だった家庭などは、1500万円くらいあれば何とかなる**と思っています。公的年金は先細りしているとはいえ、今50代の会社員家庭なら、夫婦で月に20万円くらいはもらえます。会社員同士の共働きや公務員だったら、もっと多くもらえるため、65歳まで働けば、その後は年金だけで暮らしていくこともできるかもしれません。退職金や企業年金もあれば、趣味や旅行を楽しむこともできるでしょう。あとは、年を取ってからの医療費や介護費に備えて、ある程度の貯蓄を準備しておけばいいわけです。

自営業の家庭は年金が少ないものの、定年はないので、70代まで働き続ければ、会社員家庭より少し多めの貯蓄を用意するくらいでいいのではないでしょうか。

40代以下の人は、50代になってから、そのときの状況で必要な老後資金を考えればいいので、それまでは借金を減らし、自由に使える貯蓄を増やしていきましょう。

こうすれば OK

★50歳で借金と貯蓄のバランスをプラス・マイナス・ゼロにする
★老後のことは50代から考え、それまでは足元の家計を安定させる

マイホームを〝資産〟と考えるのはやめましょう

ひと昔前までは、「マイホームは資産になる」と考えられていました。今でも、そう思って購入する人がいるかもしれませんが、その考え方は危険です。

今は、持ち家が資産にならない時代になっています。

なぜ持ち家が資産にならなくなったのか。それは、次の3つの原因が考えられます。

（1）地価は上がったとしても都心の一部で、それ以外は下がり続けるから

（2）この先、まだ少子化が進み、家は余るから

（3）誤った住宅政策のツケがまわってきているから

まず、（1）の土地の価格についてみてみましょう。

日本の地価は、バブル経済が弾けた1991年ころから下がり続けて、2016年の現在は80年代前半のバブル前の価格と同じくらいです。

地価の動きは、毎年1月1日時点の価格として公表される公示価格によってわかります。2016年は過去数年続いた下落基調から脱し、三大都市圏では前年比でも若干上昇していますが、地方ではまだマイナス。全体的に見ても、上昇しているのは商業地で、住宅地などはまだ下落が続いています。東京都心部などは、2020年のオリンピックまで上がることが予想されますが、**私たちがマイホームとして買えるような場所は、まだまだ下がる可能性があります。**地方都市では特にその傾向が強く、地域による地価の開きは今後もより大きくなっていくことが考えられます。

バブル経済が弾けるまでは、土地さえ持っていれば、銀行はいつでも多額の融資をしてくれました。いざというときは家ごと土地を売却すれば、買ったときよりも高い価格で売れ、借りたローンを返しても、手元にはある程度のお金が残りました。

しかし、今やそういうケースはごくごく一部。一戸建てでもマンションでも、購入後すぐに2割は下がり、よほどの一等地でもなければ、買った価格以上の金額で売れることはありません。多額のローンを組んで購入していたら、残ったローンより低い価格でしか売れず、売るに売れないケースも出てきます。

（2）の少子化については、さまざまな対策が講じられていますが、いまだに改善の兆しは見えません。以前話題を集めた「保育園落ちた」の騒動のように、子どもを生んでも預ける保育園がないからと、出産をためらう人も少なくありません。児童手当などがあっても、教育費は高止まりで、収入が少ない若い世帯が子育てしやすい環境には、いまだ至っていません。これからは、一家に子ども二人から、子ども一人の時代になりつつあります。そうして、ひとりっ子とひとりっ子が結婚した場合、どちらかの実家に住むにしても、将来的には家が1軒、余ることになるわけです。

２０１３年の空き家率は全国平均で13・5％と、7～8軒に1軒の割合ですが、地域によってはもっと高いところもあります。このままいけば、２０２３年には空き家率は21％にまで上昇するという予測もあります（野村総合研究所のレポート）。

日本の人口は２００８年をピークに減少しており、30年後には20％も減るといわれていますから、**今後はこれまで以上に、家が余っていく可能性があります。**高齢の親が今、夫婦または一人で持ち家に住んでいたら、あなたもいずれは空き家の所有者になる可能性があり、その処分に悩むことになるかもしれません。

このような事情から、持ち家は居住者にとってはそれなりの価値がありますが、持っているだけでは資産にならず、場合によってはお荷物になることもあるのです。

（3）の誤った住宅政策のツケとは、日本では景気対策の一つとして庶民に新築住宅を買わせる政策が取られてきたことです。

具体的には、住宅ローン控除の拡充や、国が後押しする低金利のローン、住宅取得資金の贈与の特例などで、最近では「すまい給付金」などもありますね。

結果、これらにつられて多くの人がマイホームを買いましたが、その一方で、住宅価格は下がり続けたので、家の実勢価格よりも借りた住宅ローンの金額のほうが大きくなって、家を買い替えることも難しくなりました。

地価よりも、もっと大きく下がるのが、住宅の建物の価格です。

新築住宅一辺倒の政策により、日本では古くなった家はどんどん建て替えられ、中古の住宅は価格がガタ落ちして、20年もたてば家の価格はゼロで、土地の価値しかなくなってしまいました。欧米のように長く使える家を建て、補修やリフォームで手を加えて大切に住み続けるという土壌がつくられなかったのです。

これに対しては現在、国も住宅メーカーも見直しを迫られ、中古住宅にも適切な評価基準を設けて、きちんと耐震改修やリフォームをした住宅は適切な価格で売却できる仕組みをつくり、中古市場の活性化をはかることも考えられています。

しかし、こうした流れが整うのはまだ先のことで、住宅ローンに苦しむ親の姿を見ている若い世代は、マイホームを持つことに消極的になっている人もいます。

「家は一生、賃貸のほうが身軽でいい」と考える人たちも多いようです。

マンションについても、バブルのころに続々と建てられた築30年を超える建物の老朽化が進み、大きな社会問題にもなっています。このようなマンションは売却も難しく、いずれは大規模な建て替え工事をしなければなりませんが、住民の高齢化も進んでいるため、合意を得るのは簡単にはいきません。そのマ**ンションに住む住民は、建て替えに際しても、新たな負担を背負い込む可能性が大きい**からです。

新築でも中古でも、マンションに一生住み続けるためには、10数年ごとに必要な大規模修繕工事と、建て替えに伴う費用を覚悟しておくことが必要でしょう。

これからマイホームを買おうと思っている人は、「家は資産になる」と考えるより、「早めにローンを返せば、老後は家賃の心配なく暮らせる」というくらいの気持ちで、一生、安心して住める家かどうかをしっかりチェックするほうが大事。

そのうえで、**支払う頭金と購入後に背負い込むローン、修繕などの費用が、それに見合うコストかどうかを検討したほうがいい**でしょう。

すでにマイホームを手に入れている人は、むやみに買い替えなど考えず、今の家にできるだけ長く住めるよう、定期的にメンテナンスをして、大事にすること。住宅ローンを抱えていたら、それを少しでも早く返済して身軽になることを考えましょう。

こうすれば OK

★マイホームは、お金のかかる耐久消費財と考えれば間違いなし
★住宅購入は急がず、頭金の準備をして適正価格を吟味してから

「投資をしないとお金は増えない」そんな思い込みは捨てましょう

国と金融機関がタッグを組み、「貯蓄から投資へ」というフレーズを掲げ、「お金を増やすには貯蓄だけではダメ。少しでも投資をしなければ」という考え方を広げてきました。その流れの中で、庶民のお金を集めてきたのが投資信託です。

「１万円程度から買える」「複数の株や債券に投資しているからリスクが低い」「銀行でも購入できる」といったことから、投資の初心者にも幅広く買われ、日本国内での投信残高は、２０１５年５月には１００兆円の大台を超えました。

確かに、一部にはこれで資産が増えた人もいたでしょう。

しかし、**実際にはソンをした人、している人が多いという現実**もあります。

２００８年秋の金融危機でほとんどの投資信託が壊滅的な打撃を受け、いったん回復したものの、現在も新興国の成長鈍化や景気の低迷、金融政策などによって株式相場や為替相場は不安定なまま、投資額を上回る成果を上げられない投信が多いからです。

ただ、投資家が資産を目減りさせていたとしても、販売する側の証券会社や銀行などの金融機関もソンしているかといえば、そうではありません。

なぜなら、**投資信託という商品は、買う側にとっては株式などと同様に価格が動くという点でリスクのある商品ですが、売る側にとっては、売れば売れただけ手数料が入ってくる、ノーリスクの金融商品**だからです。

投資信託は、まず買う時に1～2％の購入手数料を支払います（ノーロードといわれるものは、この手数料がゼロ）。しかも、買った後は保有し続ける限り、運用・管理するための手数料（信託報酬）がかかります。この手数料は、投資額の0・5～3％程度で、実際は保有中の資産から自動的に差し引かれています。

たとえば、100万円投資したら、最初に2万円前後のお金を支払い、さらにその後、投資したお金が増えようが減ろうが、そこから年間1万～2万円前後の手数料がずっと差し引かれているということです。

そのため金融機関にとっては、いったん販売すれば、相場がどのように動こうが、必ず一定の手数料が入り続けるというノーリスクのおいしい商品なのです。

これが理解できれば、金融が自由化されて以降、なぜ、金融機関が投資信託などの商品の販売に力を入れてきたのかが理解できるでしょう。

金融機関は、自分たちにとってノーリスクの商品で手数料を稼ぐという欧米型の手数料ビジネスに変わってきているのです。

わたしたちがリスクを取って運用しても、ソンしたときには誰もカバーしてくれませんし、謝ってもくれません。失敗はすべて、自己責任ということになっています。

長期投資なら安心といわれ、投資信託で積み立てをしても、積み立てた元本の合計額より、現在の評価額が目減りしてしまうことはよくあります。5年、10年続けても、必ず預貯金の利息以上のプラス分が付いて、換金できるとは限らないのです。

毎月分配金が出る投資信託についても、基準価額が下がり、肝心の元本部分が目減りしているものがたくさんあります。虎の子の退職金などをドカンとつぎ込んでしまったら、それが減ってしまったとき、いったいどうすればいいのでしょうか。

タコが自分の足を切り分けて分配をし続け、肝心のタコ自身はやせ細る一方だと、いずれ売却したときには、今までもらった分配金を合わせても元本割れだったということにもなりかねません。そうなったら、老後の楽しみにと考えていたプランは崩れ、ゆとりある生活など、遠のいてしまうかもしれません。

株や債券についても、基本は同じ。ソンしても仕方ないと思える余裕資金で、自分が好きで投資するならかまいませんが、**減ったり、なくなったりしては困るお金で購入するものではありません。**当面、誰が投資しても儲かるという状況ではありませんから、もしもソンをしたら、それを取り戻すのは簡単ではないことを覚悟して。

大事な資産を目減りさせないためには、たとえ利息は微々たるものでも、「元本が保証された預金のほうが確実」と考え、地道に貯めていくのが一番です。

こうすれば OK

★デフレが続くあいだは、リスクのある投資には手を出さないほうがいい

★分散投資・長期投資なら安心という思い込みは禁物と心得る

NOT

お金の「無料相談」につられると かえって高くつきます

「無料相談」という言葉を見たら、公共機関の主宰でもない限り、「無料ではない」と思ったほうがいいでしょう。

だいたい**民間企業が「無料相談」をするというのは、相談は無料でも、どこかでそれを取り戻すだけの利益が上がるということ**です。その利益を上げる部分がどこなのか、それがわからないようなら、むやみに近づかないほうが安心です。

たとえば、生命保険の場合、ひと昔前まではセールスの人が自宅まで来て、無料で相談に乗ってくれたり、時にはプレゼントまでくれたりするケースがありました。こうした訪問販売の人に気を許していると、大きな契約をしてしまうことが多かったのですが、最近では街中の保険ショップで、同じようなことが起きています。

ここ10数年で、保険の乗合代理店が運営する保険ショップが急増しました。中には銀座や新宿の一等地に大型の店舗を出し、顧客を集めている代理店もあります。

街中のそうした保険ショップで行われているのが、「保険の無料相談」です。けれど、無料相談をウリにして顧客を集めるのは、保険の契約を取るためです。契約がたくさん取れれば取れるほど、保険ショップを運営する代理店が儲かり、担当のセールスの人の給料も増えるという仕組みになっています。

街中にこれだけ保険ショップが増えているのは、いかに無料相談で契約を増やしているか、儲けているかの証拠ともいえるでしょう。

実際に、保険ショップの無料相談で、勧められるまま家族の保険をすべて見直し、以前よりも年間では2倍、3倍の保険料を支払うことになってしまったケースもたくさんあることを、知っておいたほうがいいでしょう。

銀行などの金融機関が、「無料セミナー」や「無料相談」を開くのも、最終的には自行の金融商品を買ってもらうためです。なるべく客に買わせるような内容のセミナーにして、セミナーが終わった後の「無料相談」では、営業マンたちが金融商品を買わせようと、あの手この手の言葉を用意して待っています。

また、多重債務の問題では、弁護士や司法書士事務所の無料相談も増えています。これは、多重債務で相談にきた人が、不当に多くの利息を払っていた場合、その利息を計算し直して、払い過ぎた分を取り戻す請求をしてくれるというもの。

たしかに、相談だけなら無料かもしれませんが、払い過ぎたお金を取り戻せると聞けば、誰だって「お願いします」と、その専門家に手続きを依頼するでしょう。

しかし、請求手続きをした事務所は、取り戻したお金から手数料を差し引く仕組みになっていて、中にはその手数料がかなりの金額になり、貸金業者などから取り戻したお金の大半が、手数料でなくなってしまうケースもあるようです。

みなさんは、車を買うときには、車のショールームをまわったり、詳しい見積もりをもらったりして、じっくり比較検討するでしょう。服を買うときだって、何軒も店をまわり、本当に必要なもの、気に入ったものしか買わないのでは？　営業マンや店員が勧めるままに買ってしまうと、必要以上のものや予算以上の買いものをして、あとで後悔することも多いというのを、わかっているからです。

ところが、無料相談などを利用すると、窓口にいる「プロ」に勧められるまま契約し、お金を支払ってしまうことが多いのは、どうしてでしょうか？

相手は、**「プロ」は「プロ」でも、セールスの「プロ」なのです。**言葉巧みに誘導してくるため、いいなりになってしまうと、それこそカモにされてしまいます。

無料相談で相手をしてくれる人が、どういう立場の人かをしっかり認識していたら、もっと冷静に判断できるようになるはずです。

このことを肝に銘じて、街中の「無料相談」の看板にはだまされないこと。気軽に利用して、後で高いツケを払わされないように注意しましょう。

こうすれば OK

★保険ショップや銀行などの相談窓口にいるのは、セールスのプロと思うこと
★相談だけで引き上げる勇気がないなら、無料相談には近づかない

目的別に口座を分けて貯める方法には意外な落とし穴があります

当たり前のことですが、お金には名前はありません。使いみちも自由です。

けれども、まじめな人ほど、「これは教育資金用」「これは車の買い替え用」「保険の年払い用」などと、目的別の名札を付けて細かく分け、それぞれ専用の口座で貯めようとしてしまいます。

子どもの教育資金のための「こども保険」や、老後資金のための「個人年金保険」なども、名札付けの最たるものといえるでしょう。

このように**目的を限定して貯めれば、「ほかの用途に使う心配がない」「確実に貯められる」というのが、その理由ですが、本当にそうでしょうか？**

大学資金用にと考えて始めた「こども保険」でも、それ以前の中学や高校から私立に進むことになり、「入学時にこども保険を解約してしまった」という話はよくあります。なかには、マイホームを買うときに、頭金や諸費用が足りなくなって、こども保険まで解約して充てたという家庭もあるほどです。

本当に必要になったら、このように他の目的で貯めたお金でも、使ってしまうのは仕方ないとは思います。ただ、保険の場合、ほとんどは満期前に解約すると、それまで支払った保険料より、少ないお金しか戻ってきません。つまり、元本割れになるというのが問題なのです。

そんなことになるくらいなら、**はじめから預貯金で積み立てたほうが、貯めたお金を目減りさせることなく、必要に応じて自由に使える**のではないでしょうか。

もうひとつ、お金を細かく分けて貯めると、ソンをする場合があります。

たとえば銀行預金の場合、1円未満の利息は切り捨てられるということをご存じですか？　今は預金金利も0％台で、その違いはわかりづらいのですが、かりに100万円預けて年利率が0・03％だった場合、1年後に受け取る利息は約20％の税金を引いて240円になります。しかし、1万円預けた場合はどうなるでしょう。

計算上では2円40銭ですが、40銭は切り捨てられ、2円しかつかないことになります。

実際には銀行預金は1年365日の日割り計算で、預けた日数分で計算されるため、利息に端数が出ることも多いのですが、いずれにしても1円未満でついた利息は、受け取ることができません。

つまり、数万円ずつ細かく預金口座を分けるより、できるだけ一つの口座にお金を集めて、**まとまった金額で利息を計算してもらうほうが、切り捨てられるお金が減って、手取りの利息が多くなる**ということです。

これが複利の商品なら、長く積み立て、何年も預けておくお金ほど、まとまった金額のほうが利息につく利息が多くなり、元利合計額は有利に増やせます。


いざというときにいつでも引き出せる予備費としてのお金と、将来のための貯蓄は、口座を分けておくのも生活の知恵といえます。これくらいはいいとしても、その将来のための貯蓄や、数年後に必要な資金の貯蓄は、きちんと自分で管理さえできれば、一つの口座で貯めて、必要なときに、必要な金額だけ引き出すほうが合理的。

もちろん、ペイオフのことを考えたら、一つの金融機関に1000万円以上預けるのは考えものですが、1000万円以下なら、一つの金融機関の口座にまとめて預けても、何ら問題はありません。

一見、貯蓄上手に思える目的別の預け分けも、やり過ぎればソンになるということ。利用範囲や換金時期が限定され、いざというとき引き出すと元本割れしてしまうような保険や金融商品に資金を集中するのも、けっしていい習慣とはいえません。

こんな習慣はさっさと見直して、**これからはもっとシンプルに、手間をかけずに効率的に貯める習慣を身につけてはいかが**でしょう。

こうすれば OK

★預金の口座は、目的別に細かく分け過ぎないほうがトクをする
★「保険で貯蓄」は、元本割れのリスクをよく考えておく

《2章》

やってはいけない家計運営の習慣

NOT

給与やボーナスは手取り額だけチェックしてはいけません

会社員の人は、給与やボーナスを受け取ったら、その明細書にきちんと目を通していますか？

ほとんどの人は、「差引支給額」と書かれたところの、自分の口座に振り込まれる金額しか、じっくり見ていないのではないでしょうか。

確かに、実質的に家計に入ってくるお金として「手取り額」を把握することは、とても大切です。この場合の**手取り額とは、手当などを含めた給与やボーナスの総支給額から、税金と社会保険料を差し引いた金額**のこと。勤務先で財形貯蓄などをしていたり、団体保険などに入っていたりする人は、口座に振り込まれるお金が手取り額ではありません。

しかし、**いつも手取り額だけしか見ていないと、稼いだお金から差し引かれる税金や社会保険料の負担がわからず、先々の家計の見通しも立てづらくなります。**

１９９８年以降、残念ながら会社員の平均給与は下がり続けています。もっとも高かった１９９７年には平均で年間約４６７万円だったのに、２０１４年には約４１５万円と、20年近くたっても上がるどころか、約50万円も下がっているのです。これに追い打ちをかけているのが、税金や社会保険料のアップです。

皆さんもご存じのように、税金面では配偶者特別控除の上乗せ分が廃止され、中学生以下の子どもの扶養控除もなくなりました。これによって、幼い子どものいる専業主婦家庭は給与から引かれる所得税が増え、住民税もアップしています。

さらに、配偶者控除の廃止も毎年のように議論され、子どもがいる、いないに関係なく、専業主婦家庭は増税の危機にあります。

一方で、給与の高い会社員などは給与所得控除が段階的に引き下げられ、所得税・住民税を合わせると、最終的には改正前と比べて年間数十万円の増税になる人もいます。年収１０００万円以上の人も手取り額はどんどん低くなっているのです。

社会保険料についても、厚生年金や国民年金の保険料は2017年まで毎年上がり、健康保険や介護保険の保険料もまだまだ上がっていくでしょう。

こうしたことから、**給与が同じだったとしても、家計に入る手取り額はどんどん目減りしている**ということを知っておくことが大切です。試しに、3年前、5年前の給与明細書が残っていたら、現在の給与明細書と比べてみるといいでしょう。

今後も、税金や社会保険料の負担額は、上がりこそすれ、下がることはないと思ったほうが間違いありません。

であれば、もっと頑張って給与やボーナスを上げるか、生活費を抑える工夫をしないと、今と同程度の生活は維持できなくなるということです。

これからの時代、経済情勢によって左右されがちな給与やボーナスを上げるのは、個人の力では簡単なことではありません。

年齢とともに、自然と給与が上がる時代でもないことはいうまでもありません。

けれど、**支出をコントロールして、家計運営の能力をアップすることなら、やり方次第で誰にでもできます。**

消費税の引き上げは、当初の予定から2度も延期されましたが、２０１９年10月からの10％へのアップは避けられないでしょう。とすると、今の段階で手取り額を目いっぱい使いきってしまうようでは、先々の暮らしはますます苦しくなってきます。

将来のことも考えて、ボーナスはアテにせず、もらえた分はできるだけ貯蓄にまわしましょう。ボーナスで毎月の赤字分を補てんするような生活をしていると、退職後、年金生活になってボーナスがなくなったとき、それこそ大変です。まずは手取り月収だけで生活できる家計運営の方法を、できるだけ早く身につけることが大切です。

そして、毎月の給与からも一定額の積み立てを続けること。そのうえで、生活費の使い方も月末にはある程度の黒字が残るくらいに抑えられれば上出来です。

こうすれば OK

★手取り額の把握とともに、税金や社会保険料の負担額を知っておく
★今だけでなく、先々を考えた家計管理のやり方を身につける

家計簿を「見本」どおりに付けるのはおやめなさい

これからは、支出を上手にコントロールできることが、どんな時代にもお金に困らず、楽しく生きられる、そんな家庭になるための大きなポイントになります。

これがまだうまくできていないと思ったら、まずは家計簿を利用して、３か月だけでも毎月の家計をしっかり管理し、チェックすることから始めましょう。

ただし、家計簿を付ける場合には、注意したいことがいくつかあります。

◉市販の家計簿などによくある見本どおりの付け方をしない

◉１円単位で細かく付けない

◉使ったお金を書くことと、帳尻合わせに時間をかけない

といったことです。

現在、家計簿を付けることを習慣にしている家庭は、これとは逆のことをしていないか、ちょっと考えてみてください。

「見本通りの付け方」というのは、支出の項目を「食費」「医療費」「交際費」などと、よくあるパターンで分けて書き込むやり方です。

昔ながらの市販の家計簿では、「食費」はさらに細かく「主食費」「惣菜費」などと分けて記入するようになっていることもあります。その他にも代表的な費目があらかじめ支出欄に書かれていることが多く、自分で自由に書き込む費目の欄を合わせると、支出の記入欄が10項目以上に分かれていることも少なくありません。

これに合わせて付けようと思ったら、それこそタイヘン。

日曜日に家族で回転ずしを食べに行ったときのお金は、「食費」に入れるべきか、「レジャー費」に入れるべきか、悩んでしまうかもしれません。

そういうことに悩むのは時間のムダ。家族のレジャーや楽しみで、外食が定例化しているなら、「外食費」とか「楽しみ費」という項目を作ればいいのです。

要は、自分流、わが家流の付け方をすればいいということ。

現金で使う生活費は、食費や日用品代のほかは、気になる支出項目を含めてせいぜい3つか4つくらいに分け、あとは「その他」でまとめてしまえば簡単です。

家計簿を付けるのがいつも三日坊主で終わってしまう人ほど、費目分けは少ないほうがいいでしょう。そうでなければ、長く続けるのは難しく、家計簿を付けること自体が、ストレスになってしまいます。

「1円単位で細かく付けない」というのも、同じこと。

スーパーなどのレシートを見ながら付けると、ついつい1円単位で付けたくなりますが、そうすると月末に集計するのも面倒ですし、財布に残ったお金と一致しないこともよくあって、またまたストレスがたまってしまいます。

使ったお金はざっくりと、それこそ10円単位、100円単位の付け方でもかまいません。場合によっては、レシートを貼るだけだっていいのです。**月末に、どんなものにいくらくらい使ったか、それだけわかればいいと考えましょう。**

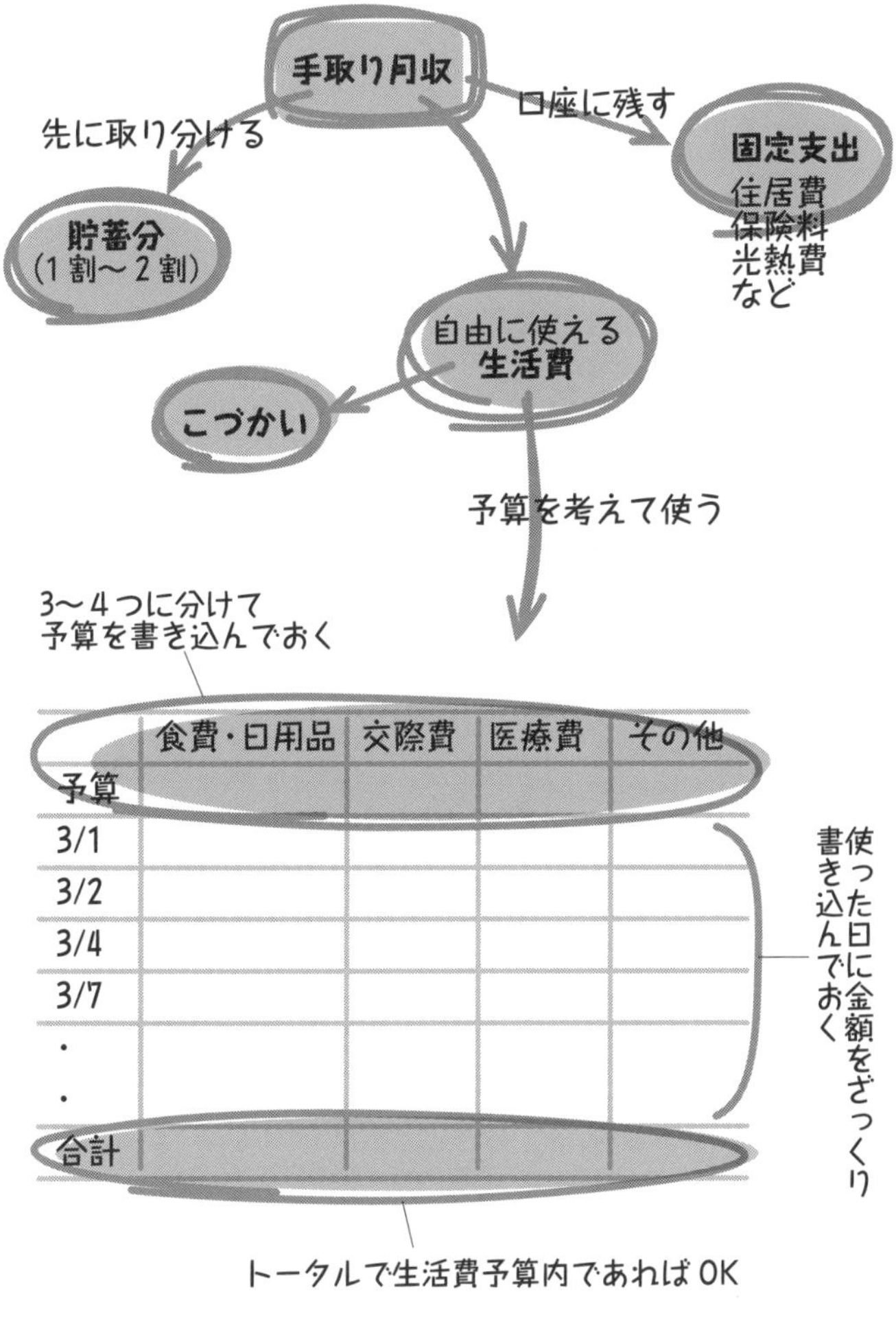
手取り月収
先に取り分ける
口座に残す
貯蓄分
（1割〜2割）
固定支出
住居費
保険料
光熱費
など
自由に使える
生活費
こづかい
予算を考えて使う
3〜4つに分けて
予算を書き込んでおく
食費・日用品
交際費
医療費
その他
予算
3/1
3/2
3/4
3/7
合計
使った日に金額をざっくり書き込んでおく
トータルで生活費予算内であればOK

家計を管理する目的は、手取り収入の範囲で暮らし、きちんと貯蓄ができる家計になることです。そのためには最初から支出をコントロールしやすい家計簿にしておくことが、大きなポイントの一つです。

具体的には、手取り収入の中から、毎月1割か2割の貯蓄をすると決めたら、その分のお金を先に取り分けて、次に、毎月必ず出ていく住居費や保険料などの固定支出を口座に残します。最後に残った金額が、生活費として自由に使えるお金なので、その分だけ現金で引き出し、使った分を家計簿に書き出していけばいいでしょう。

たとえば、生活費として使えるお金は食費や日用品代など、3つか4つに分けて予算を考え、月の最初のページにそれぞれの予算を書いておきます。そして、使った日だけ、その金額をざっくり書き出し、月末に集計。予算内に納まったかどうかを確認します。食費はちょっぴり予算オーバーしたけれど、日用品代は安く済んだから、トータルでは月の生活費予算は守れたというのなら、「それでよし」と、おおらかに考えれば、家計簿を付けるのも苦にはなりません（49ページの図参照）。

ただし、**使いすぎの費目があったら、その原因を考えて、翌月は予算内に納まるように工夫しながら、意識して使うようにすることも大事。**

月末の集計結果から原因を究明し、次の月の家計に生かすことが、大切なのです。

もしも家計全体で月の収支が赤字になってしまったら、使いすぎたお金はどこから出したのかも調べて、家計簿に書いておくといいでしょう。

年に何度も赤字になるようなら、その原因をしっかり見極めることが必要です。

家計簿は、支出を細かく付けることより、付けた結果からわかる**「わが家のお金の使い方や習慣」を探り出し、改善するために役立てる**ことのほうが大事。

無駄使いや赤字の原因がわかったら、どこを修正すればいいかを夫婦や家族で話し合い、改善策を練るための材料にしてください。

こうすれば OK

★家計簿は自分流の書き方で、ざっくり付ければいい
★書くことよりも、使い方の見直しと今後の対策に時間と心を傾ける

大きな支出をボーナスでまかなう習慣がお金が貯まらない元凶です

月々の生活費はきちんと予算内に納まっていて、毎月一定の貯蓄もしているのに、数年たっても、なぜかあまりお金が貯まっていない家庭もあります。

その**原因は、年に数回出ていく大きな支出にある**ことも少なくありません。

たとえば、電気製品が壊れて買い替えたり、友人や同僚の結婚式に招かれてお祝いを包まなければならなかったりという、思わぬ出費はけっこうあるものです。

こうした数万円単位の大きな支出が年に何度もあれば、貯蓄を取り崩すことにもなりかねません。だから、貯蓄がなかなか貯まらないのです。

とはいえ、会社員家庭ではこうした大きな支出は「ボーナスから支払うもの」と決めているケースも多いのですが、そこが問題です。

ボーナスほど、景気の影響をもろに受けるものはないからです。

ボーナスから支払っているものは、まだまだあります。

住宅ローンやクレジットカードのボーナス払い、車の税金や保険料、車検代、家族の旅行代や帰省費、季節に合わせて購入するスーツやコートなどの高額な衣料費もそうではありませんか。

平均的な家庭でも、このような毎月の家計とは別に出ていく大きな支出が、年間にすると30万円から50万円ほどあるようです。

これは、家計を運営するうえでは、とても大きな落とし穴にもなります。

もしもボーナスがガクンと減ったり、なくなったりしたら、どうするのでしょう。

それこそ、貯蓄を取り崩すしかありません。

毎月ではないけれど、**年に1回または数回の頻度で必ず出ていく大きな支出は、月収から少しずつ取り分けて、貯蓄とは別の特別支出としてプール**しておきましょう。

そうすれば、ボーナスはそっくり貯蓄にまわすこともできます。もちろん、ボーナスの一部は、家族の旅行代や外食費、洋服代などに充てるのもいいですが、その場合でも半分以上は貯蓄にまわしましょう。

そうすれば、ボーナスがガクンと減ったり、なくなったりしても、必ず出ていくお金の支払いに困ることはありません。今年は家族旅行をガマンして、日帰りのドライブにする、新しいコートは来年に持ち越し、とすればいいだけです。

いちばん困るのは、住宅ローンのボーナス払いをしている家庭でしょう。

その場合は、借入先の金融機関に相談して、住宅ローンの支払い方法を変更してもらう方法もあります。これを「条件変更」といい、多くの金融機関で応じています。

たとえば、ボーナス払いをやめて、毎月均等返済だけに変更すると、今まで支払っていたボーナス払い1回分のおよそ6分の1の金額が、毎月の返済額に上乗せされます。1回の返済額が約20万円なら、月々の返済額は3万3000円ほど増えることになります。

もしもボーナスがなくなったり、大幅にカットされたら、ボーナス払いの分は毎月の収入から取っておいて、ボーナス払いに充てるしかないわけですから、**はじめから毎月の返済額を増やしてしまうほうが、確実に返済できます。**

月々の家計は厳しくても、ある程度の貯蓄があれば、住宅ローンの繰り上げ返済でボーナス払いの分だけ、先に返していく方法もあります。1回ではすべてボーナス払いがなくならなくても、何度か繰り上げ返済をすれば、ボーナス払いの分が完済でき、毎月の返済額だけになります。そうすれば、家計はかなりラクになるはず。

もちろん、**クレジットカードのボーナス払いも絶対にダメ**。翌月1回払いで返せないほど高額な支出なら、支払えるだけのお金を貯めてから購入しましょう。

家計のなかで絶対に支払いが必要になるお金は、ボーナスをアテにして、予定を組んではいけません。毎月の収入の範囲で支払えるように、準備しておきましょう。

こうすればOK

★1年のうちに必ず出ていく大きな支出は、毎月の収入から取り分けておく
★ボーナスからの支払いプランはやめて、もらったボーナスは貯蓄にまわす

住居費、保険料、習い事・塾代…「固定費は削れない」と思い込んでいませんか

毎月の支出のなかで大きな割合を占めるのが、家賃や住宅ローンといった住居費や生命保険などの保険料、子どもの習い事や塾代といった固定支出です。

こうした支出は最初から削れないものと考えて、そのまま放置していたら、それが家計を圧迫する大きな原因になることもあります。

家計が厳しいときほど、**「固定費だって見直せる」ということを前提に、思い切った支出のカットが必要**です。

たとえば、土日の買いものや年数回の旅行やドライブにしか車を利用していないのなら、思い切って車を手放すという手もあります。

車を一台持っていると、毎月のガソリン代や駐車場代、税金、保険料などで年間に30万〜50万円ほどの維持費がかかるのが一般的。これは車を現金で買った人の場合で、ローンで買った人なら、さらに月々のローンの支払いも上乗せされます。

この分がなくなれば、それだけ家計のゆとりが生まれ、貯蓄を増やしたり、ほかの支払いに充てられたりするわけです。

車がないと通勤や生活にも困るという家庭は別ですが、バスや自転車でもなんとかなるという地域なら、検討してみる価値はあります。**どうしても必要なときは、レンタカーやタクシーを使っても、年間では車の維持費より安くあがる**はず。

最近は、会員になって、車を時間単位で借りるカーシェアリングも普及してきたので、家の近くでそういうシステムがあれば、利用するのもいいですね。

次に、**固定費で見直したいのが、子どもにかけている習い事や塾代**です。

幼稚園や保育園の費用、学校に支払う費用などは仕方ありませんが、家庭でかけている子ども関係の費用は、どこまで本当に必要なのかを考えてみてください。

「近所のお友だちがやっているから」とか、「どんな才能があるかわからないから、とりあえずいろいろやらせてみたい」と思って始めたのなら、本当に子ども自身が喜んでやっているのか、続けたいと思っているのかを確かめてみるといいでしょう。

もちろん、幼い頃から始める習い事やスポーツで、将来、第二、第三の錦織圭くんや浅田真央ちゃんが誕生しないとは限りません。ただ、その可能性は何万分の一、いえ、もっと低いかもしれないと思ったほうがよさそう。

たいていの場合、**親が見返りを期待して子どもに投資するお金は、戻ってこないと思ったほうがいい**でしょう。

最近は、入学前や小学校時代にさんざん子どもにお金をかけて、大学に入る頃には貯蓄がなくなり、家計も苦しくて奨学金に頼るというケースが少なくありません。

これでは「本末転倒」ともいえるでしょう。

幼いうちは、できるだけ余計な習い事や塾代を減らし、本当に子ども自身がやりたいことが見つかり、将来のために勉強すべき時にその資金を出してあげられるよう、貯蓄をしておくほうがいいと思います。

かりにピアノや塾やスポーツ教室などで、月々3万円を支払っているとしたら、それを半分にして残りを貯めていくだけで、10年間では180万円になり、大学費用の足しになります。

また、給与がダウンしたりして、家計が本当に苦しくなったら、家賃の安い部屋に引っ越したり、低所得者向けの補助付き住宅に引っ越すのも一つの方法です。

生命保険などの見直しも効果的ですが、これについては145ページからの6章でくわしく説明します。

いずれにしても、**毎月必ず出ていく固定費は一度見直すだけで、ずっとその効果が続きます**から、家計にとっては見逃してはいけない支出といえます。

ぜひ夫婦で検討し、削れるものを話し合ってみましょう。

こうすればOK

★大きな固定費から見直せば、細かい節約で数百円ずつ削るより効果は大

★マイカー、保険、子どもの習い事は早めに見直すほど、貯蓄が増える

「妻のこづかい0円」は逆効果。しっかり予算化が家計を救う

NOT

月々の家計をざっくりと予算分けすると、住居費などの固定支出のほかは、家族のこづかいと、食費や日用品代などの生活費になります。

このうち、夫のこづかいは月々いくらと決め、子どものこづかいも中学生以上になると一定額で決めている家庭が多いのですが、**妻のこづかいは予算を取っていない家庭がけっこう多い**ことに驚きます。

共働きの場合や、妻がパートなどで少しでも稼いでいれば、妻は自分の収入からこづかいを出しているのでしょうが、専業主婦でも「家計簿上では妻のこづかいはゼロ」ということになっているケースが多いのです。

夫のこづかいも削減方向にありますから、妻のこづかいの予算は取りづらいという

ことでしょうが、これではいけません。

なぜなら、妻のこづかいの予算がないと、生活費の中から支払うことになり、逆に使いすぎてしまうことがあるからです。


妻の美容院代や化粧品代、ご近所のママ友達とのランチ代など、専業主婦の人でもけっこうプライベートなお金は使っています。これらは、生活費の中の食費や日用品代、交際費などの支出にまぎれているというわけです。

夫が月に3万や4万円のこづかいでガマンし、ここから昼食代や理容院代、飲み会などのお金も工面しているとしたら、文句をいわれても仕方ありません。

そこで、提案です！

妻のこづかいも、月々の家計から予算を組んで取り分けましょう。金額は月に1万円でも、厳しければ5000円でもいいので、家計の許す範囲で、夫のこづかいとのバランスも考えて決めてください。

そうすれば、妻も遠慮することなく、自分のこづかいから自由にお金を使えます。

もちろん、妻のこづかいは生活費用のお財布とは分けて、自分用のお財布に入れておくことが大切。残った分は翌月に繰り越せば、工夫次第でセーターの1枚も買うことができるかもしれません。

妻のこづかいを決めるときは、**夫のこづかいも見直してみる**といいでしょう。

たくさんの家庭の1か月の収支を見てきた中で、こんなケースもありました。

夫のこづかいは月に3万円でしたが、飲み会などがあるときは、これとは別に3000円とか5000円とか、そのつど妻が渡して、タバコもまとめてカートンで買うからと、生活費の予算から月に1万円くらい取り分けていたのです。

結果として、生活費のなかで夫のための支出がけっこうな割合になっていたわけです。生活費に余裕がある家庭ならいいですが、食費を月2万や3万円でやりくりしている家庭としては、ちょっとバランスが悪すぎます。

それなら、夫のこづかいを月4万円にアップして、**「飲み会代やタバコ代も、こづかいのなかでやりくりして」と決めたほうがいい**と思います。

どこまでを各自のこづかいから出すか、どんな支出は生活費から出すかは、それぞれの**家庭のなかでルールを決めておく**ことが大事。そうでなければ、月々のこづかいを決めていても、家計全体をスリムに抑えることはできません。

夫婦のこづかいだけでなく、子どものこづかいも同じ。学校関係で必要なお金や文房具代は生活費から出すけれど、自分が好きで買いたい本や雑誌はこづかいから、などと、子どもにもきちんと伝えておきましょう。

最近は通信費も安くなりましたが、一時期は子どもの携帯電話代で月数万円もの請求が来て、びっくりしたという話もよくありました。大学生になったら、自分の携帯電話代も、自分のこづかいやアルバイト代から支払わせてもいいでしょう。

こうすればOK

★妻も月々のこづかいを決め、個人的な支出と生活費をきちんと分ける
★夫、妻、子ども別に、各自のこづかいでまかなう範囲を決めておく

「食費は月収の○％、子ども費は△％」と予算を立てる習慣がムダな支出を増やす

雑誌などで読者の家計相談を受けていると、「食費の割合は何％くらいが適正ですか？」、「保険料は月収の何％ならいいですか？」と聞かれることがよくあります。

これに対する答えには、いつも困ってしまいます。

具体的に家計の収支を拝見して、そのご家庭の事情や生活スタイルなどをお聞きしたあとなら、「この食費はもう少し減らせそう」とか、「今の収入に対しては、保険料の割合が多すぎる」などとアドバイスすることもできますが、**単純に家族構成だけで食費の割合は月収の15％が適正、保険料は10％などということはできません。**

ところが、性格がまじめな人ほど、家計に関する雑誌や本で紹介されている費目別の支出割合を参考にして、予算を分け、管理したがる傾向があります。そうすると、

収入が増えたり減ったりしたときには、どうするのでしょうか。全部の費目で予算や支出を少しずつ増やしたり、減らしたりするのでしょうか。

実際のところ、家賃や住宅ローンなどの住居費、保険料などは、収入の増減に合わせて頻繁に見直せるものではありません。賃貸住まいなら、月収が3割も4割もダウンして、すぐ回復しそうな見込みがなければ、家賃の安い部屋に引っ越すことも検討したほうがいいですが、逆に収入が増えたからといって、水道・光熱費や食費を増やしたほうがいいとは限りません。

もしも本当に収入が大きく減ったなら、いろんな支出を少しずつ均等割合で削るより、食費などの絶対に必要な支出とそうでないものに分け、**嗜好品の購入や、なくても生活に困らない支出を削るほうが、簡単かつ合理的に減らせる**でしょう。

費目別の支出割合をパーセントで決める方法の盲点は、もう一つあります。

たとえば、参考にした本に「子ども費は月収の3％」と書いてあったとしましょう。そうすると、とくに「子ども費」の予算をとる必要のない家庭でも、子ども用の支出のために3％の予算を用意しておくのです。

月収30万円なら、月に9000円です。幼稚園や保育園の保育料としては足りないため、その分は別にして、月に9000円までは使ってもいいと考えるわけです。

そう思ったら、「習い事のひとつも始めてみようか」という気持ちにもなりますし、「今月はとくに使う予定がないから、お洋服でも買ってあげよう」となってしまうに違いありません。

費目別の予算をパーセントで分けると、必要もないものにまで予算を組んで、結局は余計な支出を生み出すことにもなりかねません。

わたしはもともと、入園・入学前の小さな子どもには、お金をかける必要はないと思っています。小さな子どもの洋服や靴は、リサイクルのお店やネットで安く手に入りますから、必要になったときに、そうしたところでまとめて買えばすみます。

子どもが中学、高校と進むにつれて、いやでも教育費はかかってきますし、そうなると収入に対する支出割合は高くなっても、出さざるを得ないかもしれません。

このように、毎月どんな支出があるか、予算をとっておくべきかは、家庭によって異なるのが当たり前。平均的な比率に合わせて決められるものではありません。「どんな家庭にも通用する〝支出の適正割合〟などはない」

そう考えて、パーセントで考えて予算分けをするのはやめたほうがいいでしょう。

毎月の家計で予算を組むのは、わが家で必ず必要な支出項目だけに絞り、あとは「その他」や「予備費」の中でやりくりするほうが、無駄使いは少なくなり、家計をスリムに保てます。

こうすれば OK

★本当に必要な支出だけ予算を組んで、あとは予備費でやりくり

★収入がダウンしたら、「なくても困らない支出」から大胆にカットする

「106万円の壁」登場！妻のパート収入をセーブしてはいけない

今や、結婚した女性が一生、専業主婦のままで過ごせる時代ではありません。

今後はますます「主婦の稼ぎ力」が、重要になってくることは間違いありません。

会社員の給与は伸び悩み、年齢とともに上がるとは限りませんし、一人の人が同じ会社で一生、定年まで働き続けるケースは少なくなっているからです。

子どもが生まれれば、成長するにつれてお金がかかってきますから、夫一人の給料では家計に余裕がなくなり、大学まで進ませるのも難しくなっています。

実際に今では、子どもが小学校に入ったら、家計を助けるためにパートなどで働き始める主婦がほとんど。ただ、その場合でもたいていは、夫が配偶者控除を受けられる年収103万円以内に抑えて働く人が多いという現実もあります。

でも、これからは、こうした働き方をそろそろ卒業し、**働ける主婦はどんどん働いて、夫婦協力して世帯年収を上げることを考えましょう。**そうしないと、家計の手取り収入はどんどん減って、何かあれば一気に赤字に転落し、容易に立て直すことはできなくなるからです。

実際のところ、配偶者控除がある場合でも、夫の年収が４００万～５００万円程度なら、税金面でトクする金額は所得税・住民税を合わせても年間で５万円程度。配偶者控除の対象になる妻がいる場合、勤務先で家族手当がつくというのなら、プラスαのメリットはありますが、こうした手当もなくなっている会社が多いでしょう。

であれば、**妻が毎月１万円でも多く稼ぐほうが、家計のうえでは確実にプラス**になります。月１万円ずつのアップでも、年間では12万円の世帯収入のアップです。

ただし、妻が働くうえでは「社会保険の壁」にも注意が必要です。

たとえば、妻がパートなどで年収１３０万円以上になると、社会保険のうえでは夫の扶養家族からはずれ、自分で健康保険や公的年金の保険料を負担しなくてはなりません。パート先で加入するか、もしくは自分で国民年金・国民健康保険に加入し、妻自身が保険料を負担する必要があります。

この年収130万円が、103万円を超えた人のもう一つの壁になります。

しかし、2016年10月以降、従業員501人以上の企業では、雇用期間の見込みが1年以上、週20時間以上の勤務で、給料が月8万8000円（年収106万円）以上になると、新たに厚生年金・健康保険に加入して、この分の保険料が給料から天引きされることになりました（適用企業はいずれ、拡大する見込み）。

かりに月給9万円前後であれば、厚生年金・健康保険の保険料（40歳以上は介護保険料も含む）で、月1万3000〜4000円ほど手取り額が減少します。年間にすると、16万円前後の社会保険料を負担するため、夫婦合わせた世帯の手取り収入にもそれなりに影響してきます。

今のところ、妻の年収が106万円または130万円を少し超えて、妻自身に税金や社会保険料がかかる場合、夫婦合わせた手取り額は超える前よりも少なくなりますが、**妻の年収が160万円以上になれば、働けば働くほど世帯の手取り額も多くなり、家計はラクになるでしょう。**

妻のパート収入によって
世帯の手取り額はこう変わる！

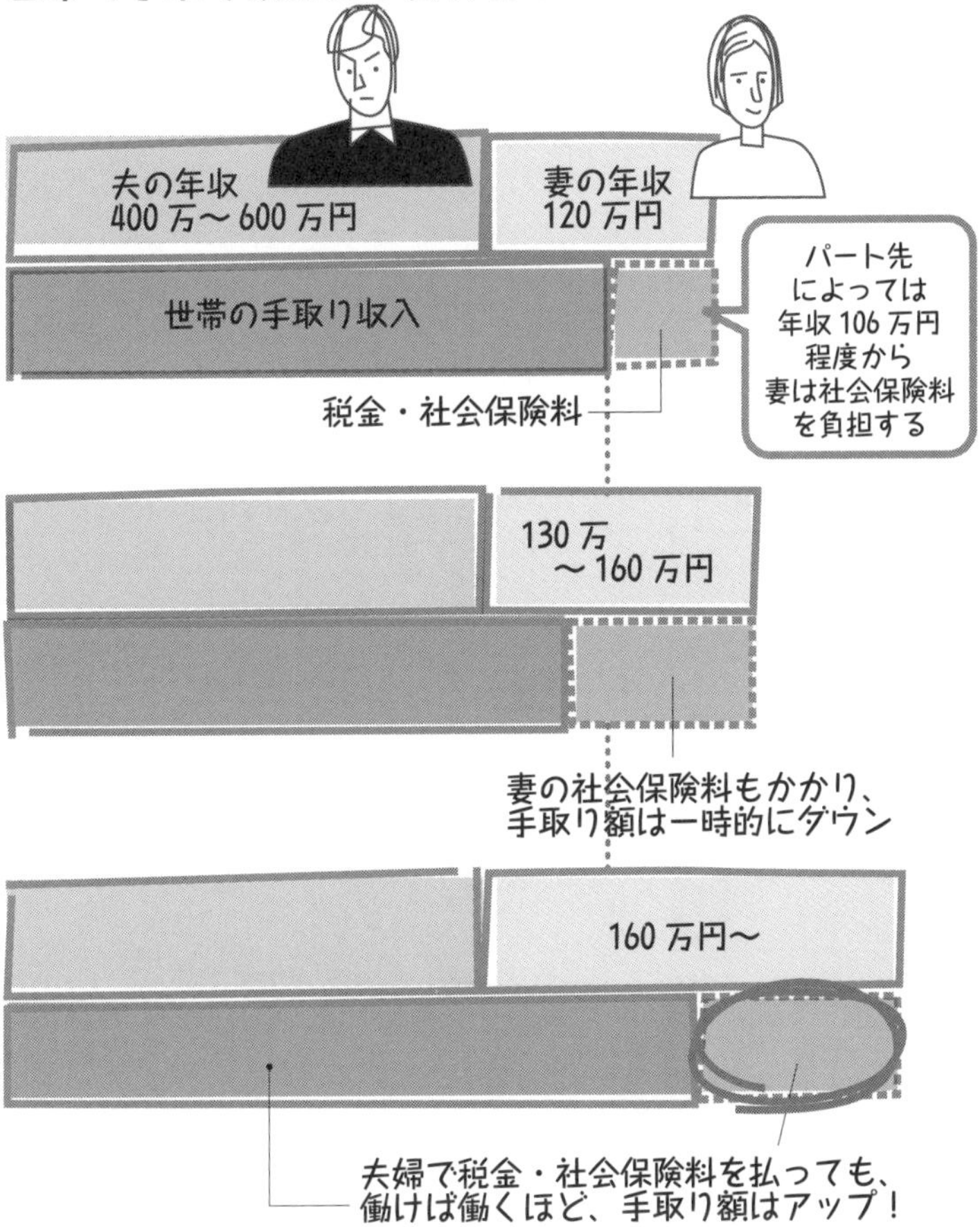

※夫は会社員・公務員の場合

しかも、**妻が働くことは家計のリスク分散につながり、妻も厚生年金に加入すれば、老後にもらえる妻の年金が増える**ため、夫婦の老後のためにもメリットは大。

たとえば、夫一人で年収600万円稼ぐ家庭よりも、夫400万円、妻200万円で二人合わせて世帯年収が600万円の家庭のほうが、どちらかの収入が減ったときや突然の事故、失業といった家計のリスクにも対応しやすくなります。

さらに、妻の年収の半分でも貯蓄にまわせれば、住宅ローンの繰り上げ返済や子どもの教育資金にも充てられ、老後資金も増やすことができます。もちろん、夫にもがんばって働いてもらわないと困りますが、専業主婦へのメリットが減少しつつあるこれからは、妻の働きが家計や老後を左右する大きなカギになるでしょう。

こうすれば OK

★妻は一時的に退職しても、できるだけ早く仕事に復帰する

★夫婦で協力し、長期的なプランで世帯収入を増やすことを考える

《3章》

やってはいけない節約の習慣

特売やセールを狙ってのまとめ買いは節約にならない

スーパーの折り込みチラシを見たり、お店の商品棚を見て、「お買い得品」「セール品」などというフレーズがついていると、買うつもりがなかったのに、ついつい買ってしまうことはありませんか？

食品や日用品の買いものでは、「特売」「○割引」「○個で○○○円」「在庫一掃値下げ」などという、購買意欲をそそるフレーズがあちこちにあふれています。こういうものを見ると、いつもなら1つ買うところを、2個、3個とまとめて買ったり、買うつもりのないものまで買ってしまう人もいるでしょう。

でも、商品を手に取る前に、ひと呼吸おいて、よく考えてみましょう。**本当にその商品は買う必要があるのか、今日買ったほうがいいのかを冷静に見極めることが大切**

です。たとえ通常よりも安い値段で買えるとしても、とくに必要でないものだったり、その日でなくてもいいものまで買ってしまうようだったら、生活費の節約にならないどころか、お金の使いすぎになってしまうこともあります。

たとえば、週末などに、安いからと野菜やお肉などの生鮮食品を大量に買ったのはいいけれど、在庫管理がうまくできなくて、食べきれなかったり、冷蔵庫に入れっぱなしで腐らせたりしてしまうことはよくあります。

保存がききそうな食品でも、安心はできません。味噌や醤油などの調味料や、レトルト食品なども、まだ大丈夫だと思っていたら、気づいたときには賞味期限が1か月以上過ぎていたなんてこともあります。

年末などに冷蔵庫の整理をすると、中途半端に残ったドレッシングや焼き肉のたれ、使いかけのジャムやチーズの残りを、まとめて捨てたなんていう経験も、たいていの主婦ならもっているでしょう。

せっかく安く買ったものでも、**食べきれずに腐らせたり捨てるようでは、その分は無駄な出費だったことになります。**

それでは、「忘れずに食べればいいのだろう」とばかり、いつもよりたくさんの料理を作り、家族にむりやり食べさせるのもおかしな話です。残り物をもったいないからと自分で食べる習慣も、主婦が太る大きな原因で、今度はダイエットのために余分な出費がかさむことになるかもしれません。

コストパフォーマンスの高い店は在庫を持たないのと同様に、**家庭でも家族が食べたいものを、必要な分だけ購入するのが、もっとも無駄のない買い方**です。

最近は、スーパーでも夜遅くまで営業している店は増えていますから、必要なものはいつでも、手軽に購入できます。小さな子どものいる家庭や、共働きなどの忙しい主婦でも、ネットスーパーなどの宅配を利用すれば、それほどたくさんの食材をまとめ買いしなくても、日常的には困らないようになっています。

洗剤やトイレットペーパーなどの日用品も同じです。

まだ在庫があるのに「安いから」とまた買って、置き場所に困っている家庭も少なくありません。在庫がたくさんあれば、必要以上にどんどん使ったり、1回に使う量が増えて、結局、あればあるだけ使ってしまうことになるでしょう。日用品も、今使っているもののほかには在庫は一つあれば十分。使用中のものがなくなりそうな時期に、安いときを見つけて買うのがいちばんです。

特売品やセール品につられて、すぐにあれこれ買ってしまう家庭は、大量買いの、大量消費という生活習慣に陥りがち。

今はまだモノの値段が安いデフレとはいえ、天候の不順で野菜の値段が上がったり、為替の変動などで輸入製品などが高くなることもあります。そんなときでも、いつもの習慣が抜けずに、生活費がいつのまにか膨らんでしまうこともありえます。

生活費を節約したいなら、必要なものを必要な分だけ購入し、余分なものは身の回りに置かない、持たない、というシンプルな暮らしを心がけるほうがいいでしょう。

こうすれば OK

★特売品やセール品でも、必要なものを必要な分だけ買う

★余分な在庫は持たず、近くのお店を冷蔵庫や保存庫代わりに使う

クレジットカード払いで
ポイント稼ぎは
無駄使いのモト

クレジットカードの魅力の一つは、使うたびにポイントがたまっていくことでしょう。いちばん多く使うカードを選んだ理由は、「ポイントやマイルをためやすいから」という答えがトップになっている調査もあります。

でも、ポイントがたまるからと、必要でないものまで買ってしまったり、予定よりも高いものを買ってしまうことはありませんか？

そうなったら、まさにクレジットカード会社の思うつぼです。そもそもポイントを期待して、クレジットカードで買いものをすること自体が大きな間違い。ポイントはあくまでも「おまけ」と考えましょう。

最近ではスーパーやコンビニのほか、公共料金や税金、ネットショッピングなどの支払いなど、クレジットカードを使える機会は増えています。

スーパー系列のカードは入会金や年会費が無料、そのうえ割引などの特典もつくことがあります。そのため、同じ予算で買いものをするなら、「現金払いでもカード払いでも関係ない」「ポイントがつくカード払いのほうがおトクでしょ」と思う人たちも増えています。

しかし、カード払いだとお金を支払う実感が薄いため、一般的には現金払いよりも多く使ってしまう傾向があります。**カードで使う金額は、現金払いのときよりも2割くらい多くなる**ともいわれています。

かりに、毎月の食費が3万円くらいの場合、すべてカード払いにして2割増えるとしたら、年間では7万円くらい多く使ってしまうことになります。逆に考えると、カード払いをやめて現金払いにするだけで、年間7万円くらい節約できる家庭もあるかもしれません。

食品や日用品などの日々の買いものは、できるだけカード払いをやめて、現金払いにするのがいちばん。夕飯の買いもので、予算を1日千円と決めたなら、千円だけ財布に入れて出かければ、必要なものをじっくり吟味し、余分なものは買わなくなりま

す。３日分の買いものなら、３千円だけ持っていけばいいのです。

とはいえ、せっかくのカードのメリットが受けられないのは、もったいないと思う気持ちもわかります。

「どうしてもポイントをためたい」、でも「金銭感覚には自信がない」という人は、定期的な支払いをカード払いに切り替えるのがいいでしょう。

たとえば、電気やガス・水道などの光熱費、通信費、新聞代などは最適です。生命保険会社の一部でもカード払いができるところも増えています。**今まで口座引き落としにしていた分を、カード払いにシフトするだけなら、家計のやりくりにも影響せず、一度手続きすればすむので、簡単です。**

電気製品の買い替えや外食時などにカードを使う家庭もあるでしょう。そんなときでも、支払い方法は翌月１回払いに徹しましょう。そして、カード払いで使った分は、現金で支払ったものと同じと考え、その月の予算で支払う分は、その月の支出として家計簿などに書いておくことが大切です。そうでないと、使った日と支払い日がずれて、家計の管理が難しくなります。

家計簿での管理が面倒だと思ったら、クレジットカードはできるだけ使わずに、デビットカードを利用するほうがいいでしょう。銀行などのキャッシュカードをデビットカードとして使える店も増え、最近はデビット専用カードも普及してきました。

デビットカードなら、その場で決済するため、現金で支払ったのと同じ。口座から引き出す手間も手数料もかからず、口座の残高以上は使えませんので、使い過ぎの防止にもなります。金融機関の中には、専用のデビットカードで支払うと、利用額に応じて一定の金額が口座にキャッシュバックされるものもあります。ポイントで還元されるより、現金で口座に戻ってくるほうが、家計にとっては節約になります。

こうすれば OK

★日々の買いものではカード払いはやめ、できるだけ現金払いにする

★カードでの支払いは計画的に、予算内での支払いを守る

NOT

時間や手間がかかる節約はやめて「新電力への切り替え」など時代に合った活用法を

家族が増えたり、季節が変わったりすると、電気代や水道代、ガス代が増えることも、家計を預かる主婦にとっては悩みのタネ。電気のスイッチを小まめに切り、お風呂の残り湯を洗濯に使いまわし、ガスは弱火で余熱を使うなど、小さな節約を積み重ね、健気に頑張っている人もいるでしょう。

光熱費については、料金のお知らせが届いたら、金額と使用量を確認して、家計簿などにメモしておくのも一つの方法です。季節によって異なる光熱費の使い方を把握し、節約意識を高めるきっかけにもつながるからです。

とはいえ、共働きなどの家庭では、そこまでできないかもしれません。それだけの時間や労力をかけるなら、働く時間を増やすほうが合理的という考え方もあります。

これからの時代、日々の節約は時間をかけずに効率的にできる方法を探し、さっさと実行に移していくことが大切でしょう。

たとえば、２０１６年４月からは電気の小売り自由化がスタートし、２０１７年度からはガスの自由化も始まります。こうした**世の中の動きに合わせて、必要な情報を集め、かしこく活用することが家計を左右するポイント**になります。

電気の小売り自由化は、当初騒がれたほど、新電力に切り替える家庭は多くはありませんでした。首都圏では新しい会社が多くて、どの会社がお得なのかわかりづらいという声もありますし、地方では逆に、選べるほどたくさんの新電力が出てこなかったという事情もあったかもしれません。

しかし、新しい電力会社のほとんどは、東京電力などの地域の大手電力会社の料金を参考にして自社の料金プランを立てています。ですから、多少なりとも安くなるケースが多いはず。特に、毎月の使用量が多い家庭ほど、年間に節約できる金額は1万円以上もお得になる可能性が高いため、面倒がらずに電気料金の比較サイトなどで調べてみるといいでしょう。

電気の契約先を変えると、手間はかからないか、停電などの心配はないかと不安に思っている人もいますが、その点は大丈夫。新しい電力会社への切り替えは、電話やネットで申し込むことができ、今の電力会社への解約手続きや、電気メーターの交換などは、新しく契約した会社でやってもらえます。また、契約先を変えても、電気の送配電網は今までと同じものを使いますし、万一の停電などの際は、地域の電力会社が自動的にフォローしてくれる仕組みにもなっています。

大手電力でも4月以降、新しい料金プランをつくり、地域を超えて供給できるようになるなど、各社の料金競争や営業エリアの拡大は今後も続きます。2017年以降は電気とガスのセット割なども登場する見込みなので、少し様子をみて、じっくりとわが家に合った安い会社を探してみるといいでしょう。

携帯電話やスマホ、ケーブルテレビなどの通信料についても同じです。

新電力の中には、携帯料金やケーブルテレビとのセットで割引になる会社もありますが、**通信費も一度契約すると、ついそのまま継続してしまいがち。**しかし最近は、月額400円台の格安スマホも出てきて、こちらの競争も激化しています。

毎月7000~8000円もスマホの料金を払っているとしたら、自分たちの使い方に合った安いタイプに切り替えてみてはいかがでしょう。家族みんなの料金を考えたら、それこそ毎月1万円以上の節約になること間違いなし。

もちろん、今まで通り日々の節約を心がけることも重要ですが、**おおもとの契約先や料金プランを見直すほうが、結果的に安くなることが多くなっています。**

新しい情報やサービスは子どものほうが詳しいこともありますし、パソコンで調べるのはご主人のほうが得意な場合もあります。家族みんなで協力しあえば、家計の節約意識も今までより高まるかもしれません。

こうすれば OK

★家庭内で行う節約は、時間と手間をかけずにできることを優先する

★世の中の動きに合わせて、契約先やプランは適宜見直していく

親の援助や贈与をアテにしていると将来、思わぬトラブルに

子育て中の30代、40代の家庭に比べ、その親の世代は案外ゆとりがあるなど、世代間の収入格差や、保有する金融資産の格差は広がっています。

そうした背景もあり、親の近くに住んでいる人は、子どもが小さいうちは週末ごとに実家に行って食事をごちそうになり、帰りにはお米や食材などをもらったりして、食費の節約になっているという家庭もあるようです。

遠く離れていても、年に1～2回の帰省のたびに、子ども（親からみると孫）にこづかいをもらい、入園・入学時には高額なお祝いをもらったり、いろいろなモノを買いそろえてもらったりして、かなり助かっているという家庭は多いでしょう。

なかには、子どもの習い事や塾代も親に払ってもらい、私立の小学校や中学校の学

費まで出してもらうなど、親がかりで今の生活や、理想のライフスタイルを維持しているケースまであります。

このような親の好意に甘え、親の財布をアテにしすぎるのは、子ども世帯にとってけっしていいことではありません。**度が過ぎると、自分たちだけでは生活を保てない「隠れ貧困」になるだけで、そのままの状況を続ければ、将来は老後ビンボーに突入してしまうことにもなる**からです。

60代のうちは元気な親でも、70代後半くらいから病気になったり介護が必要になったりするケースがよくあります。元気なときに親のすねをかじりすぎてしまうと、高齢になってお金がかかるようになったとき、親自身が困ってしまうことになるかもしれません。そのとき、経済的に助けてあげることはできますか？

どんなにすねをかじっても困らないというほど、大金持ちの親であれば、今度は万一の際に、相続でモメることにもなりかねません。遺産の分割で子ども同士がモメるときは、生前に誰がどれだけ親の世話になったか、援助を受けたかが、大きな原因になることも多いからです。

相続の際に、遺産分割が話し合いでまとまらない場合は、法定相続分にしたがって分割するケースがほとんどですが、民法では、**生前に特定の相続人が援助や贈与を受けていたら、その分を相続財産に加えて遺産分割を行う**ようになっています。これを「特別受益の持ち戻し」といい、援助や贈与を受けた相続人は、その分を受け取る財産から差し引かれることになります。これを知らない人は案外多いでしょう。

実際に、相続税の改正に伴って、ここ数年、親から子どもや孫への生前贈与が増えています。1500万円まで非課税になる教育資金の一括贈与の制度で、専用の口座開設が増加しているのも、その傾向を表しています。

しかし、生前贈与は相続税の節税としては有効でも、遺産分割ではモメる原因の最たるモノ。しかも、節税の心配がない人まで、金融機関などに勧められ、教育資金の一括贈与を検討し始めているのは、どうしたものでしょう。

この制度で本当にメリットがあるのは、金融資産が何千万、何億円とあり、相続税の負担が重い人。しかも、すでに80歳以上になっていて、孫が成人するまで見届けられそうにない、そんな人だけでしょう。こういう人なら、今のうちにまとまった資金を贈与して金融資産を減らしておけば、その分、相続税は軽くなります。

しかし、それ以外の人は、**孫が入学などでお金が必要になったときに、そのつど援助してあげるほうが無難。**学費などを直接振り込むなら、扶養の範囲になることもありますし、**年間１１０万円以内の贈与なら、もともと贈与税はかからない**からです。ただし、毎年決まった日に、決まった金額をあげると、まとまった資金を分割して贈与したものとみなされ、贈与税が課せられることもあるので要注意。

孫への贈与は、本当に必要なときに必要な金額だけ、そのつど状況を見ながら渡すのがポイントで、複数の孫がいれば、できるだけ平等を心がけたいもの。一方で、子ども世帯は親の財布に頼らない生活と、家計基盤をつくることが何より肝心です。

こうすれば OK

★親の援助も多少ならいいけれど、頼りすぎてはいけない
★生前贈与は諸刃の剣と心得て、気軽にするのは要注意！

《4章》

やってはいけない お金の貯め方・増やし方

「低金利だから預金より投資」は間違いです

今のようなデフレの時代は「借金をせずに、現金での貯蓄を増やすこと」が、お金に困らないための大原則であり、家計にとってもいちばんのポイントになります。この傾向はしばらく続くものと考え、まずは毎月の収入の中から1割でも2割でも先に取り分けて、コツコツと積み立て貯蓄などで貯めましょう。

とりあえず生活費を引き出して、**「残ったら貯めよう」などと考えていると、いつまでたってもお金は貯められず、貯蓄を増やすこともできません。**というのは、今月はまだ使える、口座にお金が残っていると思えば、普通の人はついつい余分に使ってしまうものだからです。

給与や収入が入ったら、まず先に貯蓄分を引き出して、専用の積立口座に入れるな

りして、残ったお金で生活する、これを習慣づけることが大切です。

いちいち積立口座に入れるのが面倒なら、給与振込口座を総合口座にして、そこから自動的に積み立てられる自動積立を始めましょう。

勤務先に財形貯蓄や社内預金の制度があれば、それを利用するのも大正解。給与やボーナスから天引きで貯められるので、一度申し込めば、手間をかけずに自動的にお金が貯められます。給与が増えたら、積立額を変更したりすることもできます。

こうして自動的に積み立てられるシステムを利用し、その分は最初からないものと思って、残ったお金でやりくりする、これが基本の貯め方の第一歩。

少し貯蓄が貯まったからといって、「次はお金を増やすために投資でもしてみよう」と思うのはいけません。何度もいいますが、**完全にデフレから脱却するまでは、お金は増やすことよりも、減らさないことのほうが大切です。**モノの値段や金利が低いうちは、現金の価値が相対的に高くなるからです。

そうなると、たとえわずかでも利息がついて、元本は確実に保証され、必要なときに1万円は1万円として引き出せる預貯金のほうが、お金の価値は守れます。

株、債券、投資信託や外貨預金といった投資商品は、そのときの経済情勢や発行元の経営状態などで、たえず価格は動いています。国内だけでなく、海外の投資家の動きや都合によっても、予想のつかない値動きをすることがあります。必要なときに引き出したら、預けたお金が減っていたということにもなりかねません。

たとえば、月々3万円ずつ積み立てれば、1年で36万円、5年たてば180万円になります。これに加えて利息も少しはつくでしょう。

このうち、100万円を株や投資信託などに預けた場合、1年後に20%上がれば120万円、20%下がれば80万円になります。もとの80万円と合わせて、200万円になるか、160万円になるかのギャンブルをしたいですか?

実際に、投資の世界では短期間で20%や30%の下落はたびたび起こります。

もしも20万円もソンしたら、月々3万円ずつ積み立てた分が、6か月以上無駄になったのと同じことになります。

しかし、貯まった180万円をネット定期などに預ければ、金利は0・3%だったとしても、1年後は確実に180万5400円になります(税金は考慮しない)。20%に下がって失う20万円強と比べたら、どちらがいいでしょう。

もちろん、デフレはいつまで続くかはわかりません。10年後にはインフレの時代がこないとも限りません。しかし、**インフレになれば、預貯金の金利も高くなります**から、そのときに貯蓄の元本が貯まっていれば、それなりの利息も稼げるようになります。今のうちに、現金として使える預貯金で元本を貯めておけば、デフレが続くあいだはその価値が高くなり、インフレになってもソンすることにはなりません。

そのためにも、現金での貯蓄をきちんと収入から先に取り分けて、コツコツと貯めていきましょう。

こうすれば OK

★収入からは先に毎月一定額を取り分けて、積立などで確実に貯めていく
★貯めたお金は投資で「増やす」よりも、「減らさない」ことを心がける

給与口座・生活口座に余分なお金を残すクセはおやめなさい

生活費として引き出すお金は月々一定額に決めて、残りはすべて貯蓄として、「そのまま口座に残している」という人もいます。たんに、貯蓄用の口座に預け直すのが面倒だからという人が多いのですが、なかには「このほうが、残業代などで給与が多かった月は、多めに口座に残るからムダなく貯蓄できる」という人もいます。

しかし、どちらにしても、こうしたお金の貯め方はやめたほうがいいでしょう。

不意の出費にも備えたいなら、予備費として30万円なら30万円だけ入れておいて、これに加えて月々入る給与や収入からは、一定の貯蓄を取り分けて、別の貯蓄専用の口座で貯めていきましょう。ボーナスや臨時収入で口座に入るお金も同じです。

というのは、いくら毎月の生活費をきちんと決めていても、不意の出費だけでなく、カード払いなどで支払う金額が多くなってしまう月もあるからです。**口座に余分なお金がたくさんあれば、**そういう月でも難なく支払うことができてしまい、**家計全体がふくらんでも、気づくのが遅くなり、貯蓄がどんどん減ってしまうからです。**

いちばん困るのは、これから先、もしも給与や収入が減少したときです。

毎月の給与や収入が減ったら、その収入の範囲で暮らせるように、すぐに生活費やお金の使い方を見直すことが大切です。ところが、貯蓄と思っていても、口座に余分なお金が入っていたら、とりあえずはそこから引き出すことができます。家計簿上では月々の家計は赤字になっても、手元のお金には困らないため、赤字の実感がわかず、今までの生活習慣をすぐに変えることができなくなるのです。

結果として、口座残高は増えるどころか、どんどん減っていってしまいます。給与口座の残高が本当に残り少なくなってから、ようやく「なんとかしなければ」と動き始めることになりかねません。

それでは遅いと思いませんか？

人間は不思議なもので、いくら金銭感覚がしっかりした人でも、ふだんお金を出し入れする口座の残高が多くなり、街中のATMで簡単に引き出せるお金がたっぷりあれば、気持ちが大きくなって、使うお金は大胆になってしまいます。

クレジットカードで買いものをするときも、残高を気にせず使えるため、当初考えていた予算より少々高くても、「まぁ、いいか」と買ってしまう人が多いでしょう。

最近は、電子マネーなどのチャージもクレジットカードから自動的にできてしまうため、知らないうちに口座から引き出されるお金は多くなりがち。現金だけで生活費を管理していた時代とは違い、口座残高の管理は簡単ではありません。

それでも、予備費を30万円と決めて、それしか口座に入れておかなければ、給与が入った後でも貯蓄分を取り分けたら、「今月使えるのはこれだけ」と、通帳の残高ではっきりわかります。そうすると、考えながら使うようになります。不意の出費で予備費を使ったら、また次の収入から少し足しておこうという気持ちにもなります。

さらに、**取り分けた貯蓄は給与口座などとは別の専用口座で貯めれば、1年たったときに、どれだけお金が貯まったかは一目瞭然。**貯蓄の成果が、通帳や取引明細書で目に見えてわかるため、さらなる貯蓄の励みにもなります。

積立などで、ある程度まとまった貯蓄は定期預金などに移し、キャッシュカードは作らないことも大事。そうすれば、住宅資金や教育資金などの当初の目的に使う以外は、やたらに取り崩すことはなくなります。この「心理的なブレーキ」が、なんといってもお金を貯めるときの重要なポイントになります。

さっそくあなたの口座も使い方を見直してみましょう。

こうすれば OK

★給与口座には、予備費以外の余分なお金は残さないようにする

★貯蓄は別の口座で貯めて、成果がすぐわかるようにしておく

NOT

金融機関で勧められる人気商品は買ってはいけません

ご存じの通り、現在は金融機関の垣根が取り払われて、さまざまな金融商品を取り扱うようになっています。

銀行などは普通預金、積立預金、定期預金のほか、銀行側の都合で満期日を変更できる「仕組み預金」と呼ばれる商品など、利用者にとってはリスクのある商品を取り扱うところも増えています。

さらに、外貨預金や投資信託の種類も増え、個人向け国債のほか、生命保険や個人年金保険にも力を入れて、外国債券や株式まで証券会社への仲介で取り扱うところも多数あります。

そのため、定期預金などを預けに行ったり、満期になった預金を移しかえようとすると、投資信託や貯蓄型の保険などを勧められることがよくあります。32ページでも紹介したように無料の「資産運用セミナー」などを開催し、そこに来た人たちに具体的な商品名を挙げて、勧めることも少なくありません。

しかし、**金融機関が勧める商品は、その金融機関が売りたい商品であることを忘れてはいけません。**買う人にとって有利な商品、いい商品とは限らないのです。

では今、銀行などにとって売りたい商品は何かといえば、普通の定期預金などではなく、投資信託や外貨預金、個人年金保険や終身保険などの、手数料が稼げる商品です。系列の証券会社へ仲介する株式や外国債券もいいかもしれません。

これらは、買う人にはリスクがあっても、売る側の金融機関にはノーリスクの商品だからです。とくに投資信託の場合、売るときには販売手数料が入り、顧客が保有中は何もしなくても信託報酬という手数料が入ることになっていますから、たくさん売れば売るほど、儲かります。毎月分配型のファンドがブームになれば、外債型や高利回りの株式型ファンドなどを勧め、これらの運用が悪化すると、今度は値動きの少ない国内債券型ファンドを販売して、ファンドの乗り換えを勧めることもあります。

金融機関にとっては、ファンドを乗り換えて資金を移しても、そのつど販売手数料が入るので、何ら困ることはありません。預金を引き出されて、他の銀行に預けられたら資本が減るので困りますが、投資信託などは、もともと預けた資産は分別管理になっているので、顧客の資産が増えようが減ろうが、あまり関係ないのです。

これは証券会社にとっても同じ。

証券会社の場合、金融情勢が不安定で平均株価などが低迷すると、顧客の売買回数が減って、売り上げとなる手数料は減少します。ネット証券の台頭で、今や売買手数料は低水準に抑えられているため、さまざまな商品を頻繁に売買してもらうほうが助かるというわけです。

そんな金融機関の都合に合わせて、**勧められる商品をそのつど買っていては、大事な資金は増えるどころか、どんどん目減りしてしまうかもしれません。**

自宅にいても、DMだけでなく、ネット取引をしている人は連日のように銀行や証券会社からのメールが届き、新たに販売するファンドや外国債券などの案内が入ってきます。そういうのを見れば、その金融機関が力を入れて宣伝している商品こそ、売りたい商品だとわかりますが、安易に手を出してはいけません。

なかにはご挨拶とばかり、自宅にまで訪問して新しい商品の話をしていく営業部隊もいます。金融機関の営業から訪問を受けると、自分は上得意客なのかと勘違いし、「少しくらいなら預けてもいい」と、答えてしまう人もいるので要注意。

預けるお金は、元本が保証された預貯金ならいいですが、それ以外の商品を勧められたら、金融機関にとってはどんなメリットがあり、自分にとってはどれだけのリスクがあるのかと、冷静に考えたほうがいいでしょう。

こうすれば OK

★金融機関から勧められる商品は、疑ってかかったほうがいい

★値動きのある商品や手数料のかかる商品には、できるだけ手を出さない

「郵便局や信用金庫なら安心」のウソ。根拠のない信頼は捨てなさい

地域によっては、近くに大手の銀行や証券会社はほとんどなくて、お金の預け先はもっぱら郵便局か、地元の信用金庫や地方銀行、信用組合といった人もいます。

とくに小金をもったお年寄りたちにとって、地元の郵便局や金融機関は、命綱ともいえる存在。**窓口の人や自宅に集金に来てくれる営業の人は、顔見知りや、よく知っている人も多いから、「安心」「なんの心配もない」と思っている人も多いのですが、その考え方にも注意が必要です。**

たとえば、郵便局の場合、現在はゆうちょ銀行になり、投資信託や保険商品などを積極的に販売しているのは、他の銀行と同じです。

ゆうちょ銀行は２０１６年４月から、預入額が一人につき１３００万円までになりました。以前より３００万円増えましたが、定額貯金や定期貯金がけっこうあって、定期的に受け取る年金も使い切らずに貯まっていくお年寄りたちは、１３００万円の預入額に達すると、以降は年金を受け取れなくなってしまいます。

そこで、貯金の一部を「投資信託や一時払いの変額年金保険に移してはどうか」「個人向け国債にしては」と勧められることもよくあります。こうしたお年寄りたちが、商品の仕組みをいくら説明されても、きちんと理解できるかは疑問です。

最終的には「郵便局だから安心」と思って、勧められるままお金を預けてしまう人がほとんどで、投資信託や変額年金保険は元本が2割、３割と減ってしまったり、なかには半分になってしまった人さえいます。

個人向け国債なら、まだマシですが、利率の点ではけっして有利とはいえません。急な出費で換金すれば手数料を引かれてしまい、預け替える前よりも、受け取る利息が少なくなってしまうこともあります。

郵便局なら安心、という時代では、もはやないのです。

地域に根差した地方銀行や信用金庫、信用組合も、お年寄りだけでなく、地元で商売などを営む自営業者の人たちにとっても、なくてはならない金融機関です。これらは今のところ、大手の金融機関ほどには取り扱う商品は多くありませんが、今後は地域での生き残りをかけて、さまざまな金融商品を取り扱うようになるでしょう。

実際に、信用金庫では国債、地方債などのほか、投資信託や各種の保険を取り扱うところも増えています。なかには融資との引き換えに、こうした商品を勧められるケースも、出てくるかもしれません。

もうひとつ注意したいのは、小さな金融機関が、大手金融機関などと比べてかなり高利率の預金を出したときです。

ボーナスキャンペーンなどで、大手銀行より少し高めの利率をつけるくらいならいいですが、**ネット銀行よりも高い利率を出していたら、「経営状態は大丈夫なのだろうか？」「無理して顧客獲得に動いているのでは？」と、疑ってかかったほうがいいかもしれません。**

預金額が1000万円以内なら、いざというときでもペイオフで戻ってくるとはいえ、払い戻しには時間がかかることもあります。高利率につられて1000万円以上預けたら、万一のとき、1000万円を超える分は半分以下しか戻ってこないかもしれません。実際、2010年に破綻した日本振興銀行の場合は概算払いで25％という厳しい結果が出ていますから、安易に考えるのは禁物です。

大事な預金や資産を守るには、「ここなら大丈夫だろう」などという根拠のない信頼は捨て去ること。最悪の場合でも元本が目減りしない金融商品を選び、預け方をしていきましょう。

こうすれば OK

★郵便局や信用金庫も、ひと昔前とは違うと思いなさい

★ネット銀行よりも高利率の預金には注意が必要

妻が稼いだお金を夫名義の貯蓄にするのは危険です

「夫婦のお金はどちらの名義で貯蓄しても同じ」

そう考えてはいませんか？　たしかに、離婚したときには、結婚後に夫婦で築いた資産は、夫婦の共有財産と考えられ、二人で半分ずつ分けることも可能です。

しかし、独身時代に貯めた預貯金や、親からの相続などで受け取ったお金は、その人固有の財産として、その所有権はきちんと決まっています。

通常、こうした財産は、自分名義の預貯金などに預けていると思いますが、家庭によっては高額の預貯金はすべて夫名義にしていることも。なかには、妻がパートなどで稼いだお金も、家計の補てんに使うほかは、夫の給与からの貯蓄と一緒にして、夫名義の預金通帳にまとめて入金しているケースもあります。

そうした場合、夫が万一のときには困ってしまうこともあります。

というのは、**夫が万一亡くなると、夫名義の金融機関の口座は凍結され、家族が通帳やキャッシュカードを持っていても、預貯金は引き出せなくなるからです。**

亡くなった人の口座からお金を引き出したり、その口座の名義変更をするには、相続人全員によって作成した遺産分割協議書などを提出して、手続きしなければなりません。それには時間がかかるため、当座のお金として自由になる自分の預貯金がないと、葬儀費用やその後の生活にも不自由することにもなりかねないのです。

相続人が配偶者と子どもで、全員が近くに居住していれば話し合いもしやすいですが、子どもがいない家庭では、亡くなった人の親または兄弟姉妹が相続人になり、その人たちが遠くに住んでいたり、それぞれが自分の権利を主張し始めたりすると、とてもやっかいなことになります。

遺産分割でモメるなんて、昔はお金持ちの家だけかと思われましたが、相続に関心が高まっている昨今では、そんなことはなくなっています。

相続財産が持ち家と少々の預貯金だけだったとしても、その分け方をめぐって、子ども同士、また親や兄弟姉妹でモメるケースが増えているのです。

景気が悪くなり、給与や収入が減少傾向にあるなかで、住宅ローンの支払いや子どもの教育費にくるしむようになると、「もらえるものは、しっかりもらわねば」という気持ちになるのでしょう。少しでも自分に相続の権利があれば、残された妻が一人で住んでいる家まで、売却して、分けるように迫られることもあります。

マイホーム取得時の頭金は、妻も協力して自分の貯蓄からお金を出したとしても、そのマイホームの名義が夫一人になっていたら、それは丸ごと夫の財産とみなされてしまいます。夫名義の預貯金などもすべて夫の財産として、相続財産に加えられてしまいます。

そうして、最悪の場合、夫亡きあとの財産は、妻一人の裁量で分けることも、自由にすることもできなくなる可能性があるのです。

そんな事態を避けるには、**夫婦それぞれ、自分で稼いだお金は自分名義の預貯金に預けておく**ことです。共働きなら各自の収入に応じた割合で、専業主婦でも勤めていたときの貯蓄はきちんと自分名義の預貯金で保管し、パート勤めや臨時収入で入ったお金も、すべて使い切らずに少しずつ自分の預貯金に貯めていきましょう。

マイホーム購入時に夫婦で頭金を出したら、住宅ローンは夫一人で借りたとしても、それを含めた夫婦の負担割合を計算し、住宅の所有権を「夫○％、妻○％」というふうにして、**夫婦共有名義で登記しておくことが大切**です。

結婚後に夫婦で協力して貯めたお金は、どちらの名義であっても「わが家の財産」であることは間違いありません。ですから、大きな支払いがあるときは、どちらの預貯金から出すか、そのつど迷うこともあるかもしれませんが、できるだけ一方の貯蓄が底をつくようなことがないようにしましょう。

夫婦の貯蓄額のバランスを考えつつ、それぞれの貯蓄残高を増やしていくことが、これからの時代に必要な生活の知恵といえます。

こうすればOK

★毎月の貯蓄は、収入などに応じて夫婦それぞれの名義で貯蓄する
★各自の貯蓄もわが家の財産として、夫婦協力して管理する

円高でも買ってはいけない！外貨預金

円高になると、外貨預金の人気が高まります。円預金より金利が高めのうえ、円高のときに預けて、円安になったら円に戻せば、為替差益が見込めるからです。
また、日銀のマイナス金利政策が導入されてから、ボーナス時のキャンペーンも、円預金の金利上乗せをする銀行は少なくなり、代わって、外貨定期預金の金利や手数料を優遇する銀行が増えています。そのため、ボーナスの預け先に悩んだ人なども「この機会に」と、外貨預金を始めるケースが多いようです。

しかし、本当に外貨預金は儲かるのでしょうか？
ユーロに加盟するヨーロッパ諸国の財政状況や景気は、まだ当分、厳しい状況が続き、さらに悪化する国も出てくると思います。アメリカの利上げも予想より遅れて、中国など新興国の経済成長も鈍化しています。イギリスのユーロ離脱や頻発《ひんぱつ》するテロなど、各国の政情が不安定になると、安全通貨と見なされ、円が買われて、さらなる円高に進む可能性も残っています。

こうした状況で外貨預金をすれば、「円安になったら、為替差益で儲かる」というもくろみは崩れ、いつまでたっても、儲かる水準にはならないかもしれません。

さらに、**外貨預金の場合、預け入れ時と引き出し時にかかる手数料が、思いのほか高い**ことを忘れてはいけません。

銀行によって、この手数料は異なりますが、一般的には1通貨ごとに米ドルなら往復2円、ユーロで3円、オーストラリアドルは4円、ポンドは8円もかかります。

この手数料の高さによって、少しばかり金利がよくても、よほど円安にならないと、儲からない仕組みになっているのです。

たとえば、大手銀行の外貨定期預金のキャンペーンで、金利がおトクといわれる例を見てみましょう。

米ドルの場合、「3か月定期で2・5%、1年定期では1・5%」というものです。

このとき、通常の米ドル定期は1年未満なら0・03〜0・55%だったため、おトクといえば、おトクかもしれません。しかし、実際に預ける金額と受け取る元利合計額が、円換算ではどうなるのかを計算してみることが大切です。

たとえば、米ドルで1万ドル預ける場合、受け取る利息は——

【3か月(90日)定期の場合】

1万米ドル×2・5%×90日÷360日＝62・5米ドル(税引き前利息)

62・5米ドル—税金12・69米ドル＝49・81米ドル(税引き後利息)

【1年(365日)定期の場合】

1万米ドル×1・5%×365日÷360日＝152・08米ドル(税引き前利息)

152・08米ドル—税金30・89米ドル＝121・19米ドル(税引き後利息)

2・5%、1・5%という金利は年利率で表示されています。ほとんどのキャンペーン金利は、3か月定期、1年定期と決まっているので、前述の通り、最初の預け入れ期間しか、高い金利はつきません。その結果、3か月2・5％でも1年1・5％でも、その間につく利息はたいして違わないか、例に出したように逆転することもあるでしょう。

もしも、1ドル100円のときに1万ドル預けたとしたら、預け入れ時のレートは片道1円の手数料を含めて1ドル101円になり、101万円の資金が必要です。

そして、1年後に利息を含めた1万121・19ドルを円に戻そうとすると、為替レートが同じなら、今度は手数料を含めて1ドル99円で換算され、手にする金額は約100万1997円と、元本割れになってしまいます。

往復2円の手数料を考えると、いくら金利が高くても、2円以上の円安にならないと、儲かるどころか、元本割れでソンするだけ。預けた時以上に円高になれば、ソンする金額はどんどん増えていくことになるわけです。

外貨定期預金は、優遇金利がなくなっても、円安になるまで預け続けることはできますが、その場合は通常の金利に戻るため、利息はあまり期待できません。さらに、円安のタイミングで満期になるとは限らないため、タイミング良く換金するのは至難の業といえるでしょう。

だったらキャンペーンに関係なく、常に金利が高めのオーストラリアドルや、ニュージーランドドルならいいかというと、こうした通貨は預け入れ時・引き出し時の手数料が、ドルやユーロより高いため、損益分岐点も高めになります。

最近は南アフリカランドや、トルコリラなどの、高金利の外貨建て債券もたくさん出回るようになりましたが、これらも円からの購入・換金時にかかる為替手数料が高いことには注意が必要。手数料を差し引くと、実質の利回りはぐんと下がります。

さらに、**新興国の通貨については情報量が少ないうえ、為替相場が不安定で、短期間で大きくブレることもよくある**ため、外貨預金でも債券でも、かなりハイリスクの投資になることを覚悟したほうがいいでしょう。

外貨預金は、預金という名前がついていても、投資商品の一つ。万一の経営破綻の際には、1000万円以下でもペイオフの保護の対象外です。

為替の変動は、通常でも予測がつきにくいうえ、こういう経済状況ではさらに不透明。おまけに高い手数料を取られるとあっては、普通の人は当分のあいだ、手を出さないほうが賢明でしょう。

貯蓄を減らしたくなかったら、「円高のときはチャンス」という外貨預金の甘い言葉にまどわされないようにしましょう。

こうすれば OK

★「円高は今だけ」という考え方は危険と心得よう

★外貨預金や外貨建て商品は、実質の損益をきっちり計算して検討する

今は「不動産投資」をやる時期ではありません

預金金利が低く、投資環境も今ひとつ盛り上がらないとなると、「頭金ゼロでもオーケー。１５００万円のマンション投資で、利回り８％」などという広告に、ついつい目が向いてしまう人もいるのではないでしょうか？

しかし、本当にこんなうまい話があれば、だれも苦労はしません。

その理由をご説明しましょう。

かりに１５００万円で買えるマンションがあったとすれば、新築の良質物件というのは難しく、築10年から20年の中古物件でしょう。これを頭金なしの全額ローンで買うとすると、金利３％、返済期間20年で月々の返済額は約８万３０００円。ちなみに**居住用の住宅でなければ、住宅ローンは低利率のキャンペーン金利では借りられない**

ため、金利は高めになります。

さらに、購入時には不動産取得税や登録免許税、ローン保証料などのほか、販売会社の仲介手数料もかかり、賃貸に出すためのリフォーム代やクリーニング代も含めると、諸費用は全部で180万円くらいかかります。

この初期費用を自己資金で賄えず、住宅ローンと合わせて借りると、前の条件と同じなら月々の返済額は約9万3000円に跳ね上がります。

さて、先の広告で、1500万円の投資に対して8%の利回りとは、年間120万円の家賃収入を指しています。ということは、月々の家賃は約10万円。

これだけなら、ローンを支払っても月々1万から2万円の収入になると思う人もいるでしょう。しかし、**マンションの場合、月々の管理費と修繕積立金が別途かかりますし、入居者の募集や家賃の収納に業者を利用すれば、その手数料もかかります**。それらが合わせて月3万円とすると、家賃収入から実質的に手元に残るお金はゼロ。利回り8%どころか、実質的には月1～2万円の持ち出しになってしまうでしょう。

全額自己資金で買える人ならともかく、ローンを組んで買う場合には、実際の収入はぐんと少なく、持ち出し分によってメリットなし。

しかも、これは常に借り手がいる場合です。1章の24ページでも話したように、**現在は空き家だけでなく、賃貸住宅の空室率も高くなっていますから、常に借り手がいて、毎月確実に家賃収入が入ってくるとは限りません。**空き室が数か月続けば、その分だけ、持ち出しの赤字は膨れ上がります。入居者の回転が早ければ、そのつど部屋のクリーニング代がかさみ、給湯設備などが壊れたといった場合にも、大家であるこちらの負担となります。

住宅ローンを組んでのマンション投資は、このようにほとんどメリットがなく、ローンの返済中は持ち出しばかりで、ローン完済後に手元に残るのは、さらに築年数が経過して、売るに売れない老朽マンションだけということになりがち。

全額自己資金で買う人にとっても、実質の手取り収入から初期費用や維持費用を差し引いたら、どれだけ手元に残るかはわかったものではありません。

途中で手放そうと思っても、築年数の古い中途半端なマンションは売るに売れず、管理費や修繕費がかさむばかりというケースが少なくありません。

不動産投資で儲かったのは、過去の経済成長期のときだけでしょう。現在は利益が出ているのはほんの一握りで、ほとんどの人は後悔しているのではないでしょうか。

2020年の東京オリンピックまでは、不動産投資のチャンスという人もいますが、逆にいうとその後はガクンと下がることが予想されます。さらに、建物は老朽化するほど貸すことも、売ることも難しくなります。

手持ち資金を増やすために、不動産に投資するのはリスクを抱え込むだけ。そんなお金があれば、現預金で確保しておくほうが、老後のためにも間違いありません。

こうすればOK

★家賃収入＝手取り収入と考えるのは大間違い
★一般の人は投資用の不動産には手を出さないほうがいい

NOT

《5章》

やってはいけない お金の借り方

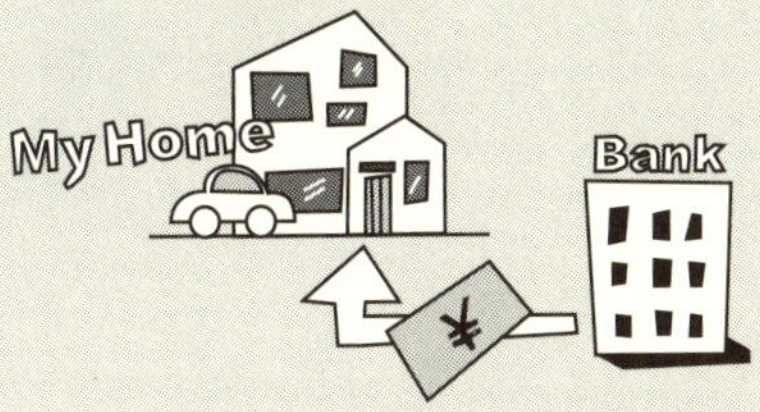

「金利が低い今のうちに」とローンを組むのは失敗のモト

NOT

　景気の悪化や低迷で、ゼロ金利政策が続くあいだは、預金などの金利も低い代わりに、住宅ローンをはじめとするローンの金利も低くなります。

　こういうときは、「マイホームを買うなら、金利が低い今がチャンス」という広告をよく見かけますが、こんな言葉につられて、住宅ローンのような大きな借金を安易に背負い込むのは考えものです。

　第一の理由として、**モノの値段が下がっていくデフレのときは、現金で持っているお金の価値は高くなりますが、借金の金額は変わらず、逆に負担感が増していく**からです。前に説明したように、不動産価格もまだ下がる可能性が高いため、この先、同じような物件がもっと安い価格で買えるようになったら、そのときに購入するほうが、住宅ローンの借入額は今より少なくてすむかもしれません。

第二の理由として、先々の金利の動きが見通しにくいことです。

ここ数年、低金利が続いたために、「もうそろそろ金利が上がるのでは?」「住宅ローンの金利優遇も終わってしまうかも」と心配する気持ちもわかります。

しかし、景気回復の兆しがはっきりと表れるまでは、日銀としても簡単に政策金利を上げることはできません。日本は国債という大きな借金も積み上がっていますから、金利を上げると、その利払いだけでも大変なことになってしまいます。

というわけで、当分は低金利が続くことになるでしょう。とすれば、「金利が低い今のうちに」とあせって物件を選び、住宅ローンのような大きな借金を組むと、あとで「失敗した」ということもあるかもしれません。

低金利のローンで気をつけたいのは、住宅ローンばかりではありません。銀行や信販会社から借りるカードローンやフリーローンなども同じです。

貸金業法の改正で、消費者金融やクレジットカードなどのキャッシングは年収の3分の1までに規制されるようになりました。これによって、当座の資金繰りに困る人たちも出てきましたし、収入のない専業主婦などは実質的に借り入れができなくなりました。

しかし、金融機関の各種ローンはこの規制の対象外のため、目的を問わずに借りられるカードローンやフリーローンに飛びつく人も出てくるかもしれません。実際、金融機関ではこうしたローンに力を入れ始めています。

とはいえ、これらのローンの金利は、住宅ローンの金利よりぐんと高くなります。たとえば、大手銀行のカードローン金利は、借入額または契約コースによって4〜14％台で、金額が少ないほど金利は高くなります。フリーローンの場合は、変動金利と固定金利で異なりますが、5〜8％程度です。

借りられる金額の限度は数百万円までと少ないため、利息は少なく思えますが、実際には返済期間が長くなるほど、かなりの利息を支払うことになります。

銀行のカードローンも、最近はインターネットや電話で申し込め、ATMで借りたり返したりができるため、気軽に借りられるようになったことも問題です。ひと昔前に比べれば、低金利になったとはいえ、**預貯金につく利息が0％台の今、ローンで支払う利息はその何倍にもなる**ことを忘れてはいけません。

ローンと名のつくものは、すべて借金。たとえわずかな金額でも、借金をつくるのは、収入が増えにくく経済状況が不安定なこれからの時代に、もっとも避けねばならないことの一つです。

借金さえなければ、給与や収入が多少減ることがあっても、なんとか乗り切ることはできますが、**借金があると、その返済に追われて、さらなる借金を繰り返し、身動きが取れなくなる可能性が出てきます。**

もしも今、ローンの返済が残っていたら、金利が低いからと安心せず、少しでも早く繰り上げ返済などで返していくことを考えましょう。

こうすれば OK

★低金利だからといって、慌てて家を買ってはいけない

★ローンの金利は預貯金の金利の何倍かをつねにチェックする

住宅ローンは「借りられる金額」で借りてはいけません

「金利が低いから」という理由ではなく、今までコツコツとお金を貯めてきて、資金の準備が整ったから、仕事の都合や子どもの年齢などを考えて、そろそろマイホームを手に入れたいという場合は、住宅ローンについてしっかり勉強したり研究してから、物件探しや建築準備に入ることが大切です。

住宅ローンについての知識がないまま、モデルルームの見学に行ったり、建築業者に相談したりすると、先方に勧められるまま契約し、すべておまかせで住宅ローンを組んでしまうことが多いからです。

そうなると、ローンの返済が始まってから、後悔することにもなりかねません。

まず大事なことは、業者などに「この年収なら住宅ローンは３０００万円まで十分借りられますよ」などといわれ、**借りられる金額で目いっぱい借りてはいけない**ということです。

今のように低金利のときは、年収が低くても、かなりの金額が借りられるケースが出てきます。銀行などのホームページで借入額の試算をしても、「こんなに借りられるのか」「これなら安心だ」と、ほっとする人たちもいるでしょう。

しかし、**借りられる金額と返せる金額は、けっして同じではありません。住宅ローンは、将来、収入や金利が多少変わっても、無理なく返せる金額で借りることが何より大切**で、これが住宅ローンを借りるときの鉄則でもあります。

実際には、金融機関は取得する住宅の価格やその人の返済能力に応じて、住宅ローンの借入限度額を決めています。通常、審査の際に目安にするのが、年収に対する年間返済額の割合で、民間ローンの場合は年収の25～35％程度となっています。

この計算をするとき、各金融機関は独自の審査金利で行うため、ホームページなどを利用して優遇金利で試算したときの金額とは若干違ってきます。それでも、返済期間を最長の35年にして、年収の最大35％まで借りると、けっこうな金額になります。

たとえば、あるメガバンクでは、年収400万円なら2720万円、年収600万円なら4080万円まで借り入れが可能（審査金利3・75％の場合）。

でも、これだけ借りてしまうと、ローンの返済で月々の家計は厳しくなってしまうでしょう。というのは、**審査の際に目安となる年収は税込みの金額で、手取り年収で考えると、年間返済額の負担はもっと重くなる**からです。

年収400万円というと、ボーナスの額にもよりますが、手取り月収では25万〜30万円程度でしょう。2720万円の借り入れで金利2％、返済期間が35年なら、月々の返済額は約9万1000円です。年収600万円の場合、手取り月収が30万〜35万円としても、4080万円の借り入れなら、同じ条件で月々の返済額は約13万5150円になります（いずれもボーナス払いなし）。

これだけでも、かなりきつそうですが、マンションの場合はほかに管理費や修繕積立金も毎月2万〜3万円かかるため、住居費だけで手取り月収の半分くらいを占めてしまい、生活に余裕がなくなってしまいます。

せっかくマイホームに入居しても、手取り月収の半分近くがローンの返済にまわってしまうと、お父さんのこづかいは削られ、晩酌のビールもつかなくなるかもしれま

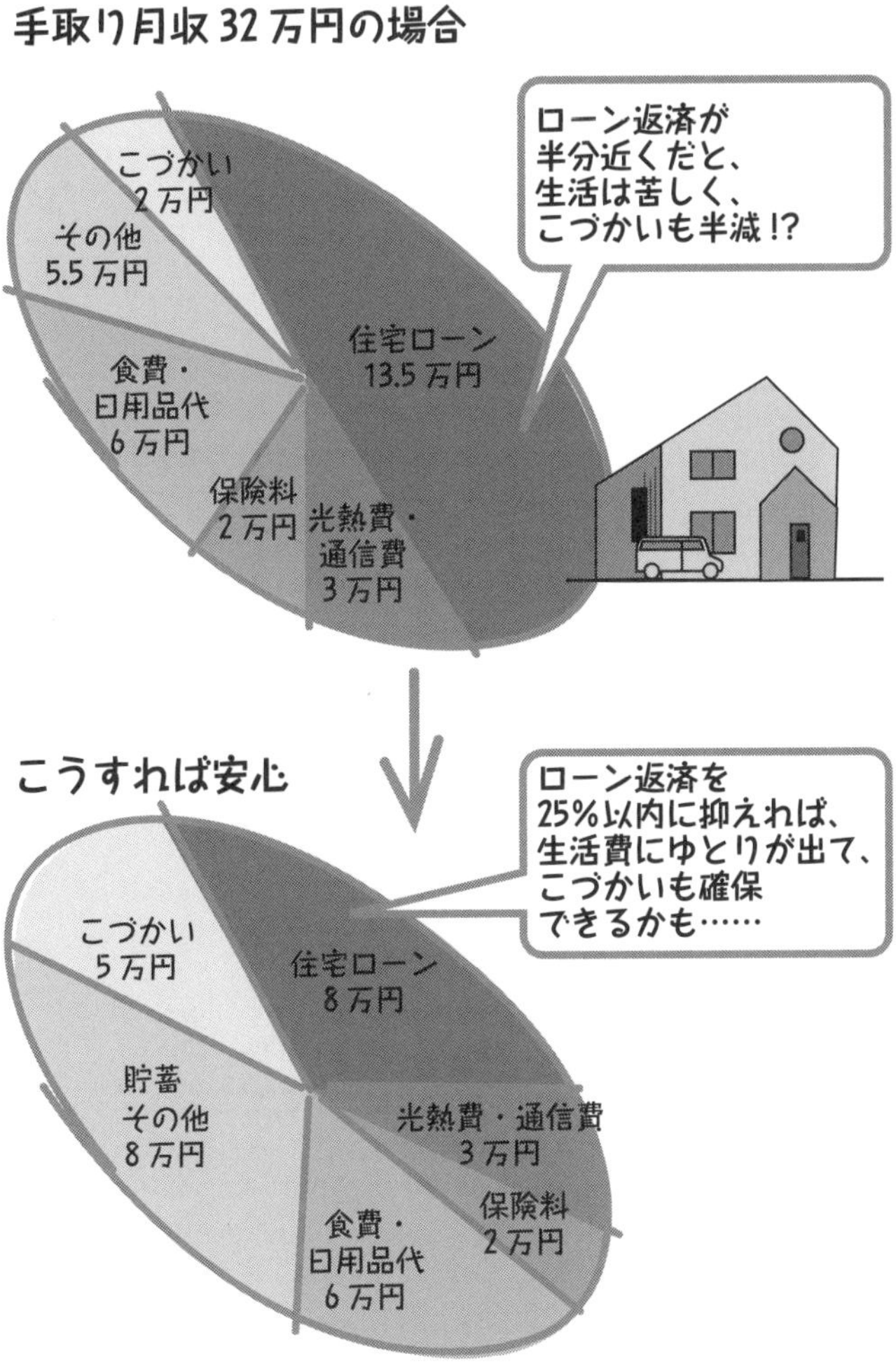
手取り月収32万円の場合
ローン返済が
半分近くだと、
生活は苦しく、
こづかいも半減!?
こづかい
2万円
その他
5.5万円
住宅ローン
13.5万円
食費・
日用品代
6万円
保険料
2万円
光熱費・
通信費
3万円
こうすれば安心
ローン返済を
25%以内に抑えれば、
生活費にゆとりが出て、
こづかいも確保
できるかも……
こづかい
5万円
住宅ローン
8万円
貯蓄
その他
8万円
光熱費・通信費
3万円
保険料
2万円
食費・
日用品代
6万円

せん。さらに、給与が減った場合や、子どもの教育費がかかる頃には、家計は逼迫《ひっぱく》してくる可能性も出てきます。

いくら優遇金利で借りられたとしても、**住宅ローンは借りられる金額で借りるのではなく、月々の返済額が手取り月収の20〜25％程度で納まるくらいの金額までで、抑えるほうが安心**です。

なおかつ、完済まで低い固定金利で借りられればベストですが、それが難しければ、最低でも10年くらいは固定金利が続くローンにすれば、借りた後も当面は金利の変動にびくびくする必要がなくなります。

大手銀行では頭金を2割以上用意し、住宅ローンの借入額を8割未満にすれば、金利がさらに低くなる場合もありますから、そういうローンを利用するのも方法です。

低金利の今は、銀行ローンは変動金利のほうが金利の優遇幅が大きく、利用者もぐんと増えていますが、これについても注意が必要です。当面は、すぐに金利がどんどん上がることはなくても、将来的にはどうなるかわかりません。金利が上がると、それに合わせて月々の返済額が上がることを覚悟してください。

変動金利のローンを借りても大丈夫なのは、金利が将来1～2％上がっても無理なく返していける家庭か、早めに繰り上げ返済をたくさんして、ローン残高を減らしていける家庭と考えたほうが間違いありません。

具体的に購入する物件が決まり、手続きが始まると、オプション設備はどうするかなど、あれこれ検討しなければならないことも多く、住宅ローンについてはじっくり調べたり考えたりする余裕がなくなります。ですから、その前に、複数の金融機関で住宅ローンを比較検討し、無理なく返済できる借入額などを試算しておきましょう。

最終的には**頭金をできるだけたくさん入れて、わが家に合った住宅ローンを選び、借入額は１００万円でも少なくする**ことが、将来の生活防衛につながります。

こうすれば OK

★住宅ローンは、業者や金融機関にまかせず自分たちで調べておく
★手取り月収を基本に、無理なく返せる金額を考えて借りる

車をローンで買う習慣はやめましょう

いまだに、「車はローンを組んで買うもの」という習慣から抜けきれないご家庭もありますが、この習慣はできるだけ早く断ち切りましょう。

ローンと名の付くもので、利用していいのは住宅ローンくらい。

住宅の場合は、一般的に１０００万円以上の高額になるため、ローンを組んで買うのは仕方ありませんが、ふつうの家庭で購入するマイカーの場合、１００万〜２００万円くらい。高くても３００万円くらいでしょう。だとすれば、お金を貯めてから買うことは十分に可能です。

逆にいえば、**これくらいの貯蓄ができないうちに、マイカーを持とうとするのはやめたほうがいい**かもしれません。

実際、今の20代の人たちは、車を欲しがらない人が多いそうです。それは給与が低い人や、収入が不安定な人が多いことも原因の一つといえるでしょう。そのために、自動車メーカーは国内の販売台数が減って苦労していますが、自動車メーカーを潤すために、わざわざ家計の負担を増やす必要はありません。

しかし、結婚して子どもができると、小さな子どもをつれての外出は車のほうが便利になるため、こぞってマイカーを購入したがります。しかも、家族が増えても大丈夫なように、またアウトドアなどを楽しめるようにと、大きなワゴンタイプの車を選んで、返済に5年も6年もかかる自動車ローンを組んでしまいがち。

いったんローンで車を買うと、ローンがようやく終わる頃には、車の買い替えを考えるようになり、再度、ローンを組んで車を購入するというパターンになってしまうこともよくあります。

こうなると、家計から出ていく固定支出には、必ずマイカーローンの返済が入ることになり、それが当たり前になってしまいます。これは大きな重荷になります。

マイカーローンは、どんなに低利率でも利息の支払いが伴います。同じ金額の車でも、現金で買えば支払わなくてすむ利息を、月々やボーナスの返済時に支払っているわけで、**トータルで考えれば、高い買いものをしてしまうことになる**のです。

さらに、マイカーローンといっても、借金であることには違いなく、借金のある家庭は、何かあったときに対応がしにくくなり、不利になることも多いのです。

たとえば、給与が減ったり、家族が大きなケガや病気で出費がかさんだりしたときでも、多少の蓄えがあれば、なんとか乗り切れます。会社の倒産やリストラにあっても、一定期間は失業給付で生活を支えることもできるでしょう。

しかし、そんなときでもローンの返済は待ってはくれません。月々数万円の支払いでも、それがあるのとないのでは、大きな違いになるはずです。

また、**マイホームを購入する場合も、マイカーローンなどがあると、当初予定していた金額が借りられなくなることもあります**。金融機関は、住宅ローンの借入額を審査する際に、ほかのローンについても調べます。自動車ローンの返済が残っていれば、それを含めて年間の返済額の負担割合を決めるため、ローンが何もない家庭に比べると、借りられる金額が少なくなってしまうわけです。

これからは、**会社でも家庭でも、もちろん個人でも、無借金経営に近づけるのが、健全に生き残るための最大のポイント**になります。そういう意味では、車が必要ならば、お金を貯めてから買うか、今の貯蓄から購入できる車を選びましょう。

そうでなければ、あえて車は持たない。必要なときだけレンタカーを利用するというのも、賢い方法かもしれません。

こうすれば OK

★車を買うなら現金で。ローンでの購入は考えない

★マイカーローンを返済中なら、なるべく早く完済する

NOT

学費を
奨学金や教育ローンに頼ると
「負の連鎖」を起こします

さまざまなモノの値段が下がっていくデフレの時代のときも、下がるどころか、ジワジワと上がり続けたのが、子どもの教育費です。

公立中学に通う子どもの場合、子ども一人にかかる年間の教育費の平均は、１９９８年度に44万円だったのが、２０１４年度には48万円となり、16年間で４万円ほど増えています。とはいえ、私立の小学校以外は、ここ数年は不況の影響からか、塾や習い事などの家庭学習費が減っていて、過去10年間はあまり大きく変わらず、家庭での節約ぶりが感じられます（文部科学省「子供の学習費調査」より）。

しかし、**節約しようにもできないのが大学の進学費用。**入学金や授業料という初年度に学校に納めるお金だけでも、過去10年、20年でその違いがよくわかります。

たとえば、１９９０年度には国立なら約54万円で、私立では平均約88万円。ところが24年後の２０１４年度には国立で81万７８００円、私立は施設費などを含め約１４３万円とさらに負担が増しています（文部科学省の調査より）。

私立大学の場合、学部による違いも大きく、初年度納付金は文科系では平均約１２３万円ですが、理科系では約１６４万円、医歯系では約６２９万円、芸術・体育などのその他学部の平均も約１６１万円と平均より高めとなっています（２０１４年度の平均額）。

これは1年目だけなので、大学4年間または6年間では親の負担は相当なもの。専門学校などに進む場合も、大学とほぼ変わらぬ費用がかかっています。

自宅外の大学や専門学校に進んで、**仕送りが必要になれば、さらに年間１００万円くらいの出費となるケースがほとんど**で、家庭の負担は増すばかり。

そんな状況から、大学費用は奨学金や教育ローンで何とかしようという家庭も増えていますが、それも困った問題の一つとなっています。

「私立大学新入生の家計負担調査」によると、１９９０年度当時に奨学金を申請した学生は32％でしたが、２０００年度には48・7％と2人に1人と増えて、２０１５年度には63・2％と3人のうち2人に増加。しかも、自宅外生は71・6％、自宅生でも56・7％の学生が奨学金を申請しています。

進学直前になって資金が足りなければ、奨学金に頼るのも仕方ないでしょう。しかし、子どもが小さいときから教育費の準備をせずに、はじめから奨学金などをアテにするのは感心できません。奨学金や教育ローンも、借金と変わりなく、いずれは返済しなければならないからです。

奨学金は、大学卒業後に子ども自身が返済するのが基本ですが、日本学生支援機構の場合、奨学金の返済が滞っている人は２０１４年度に33万人近くにのぼり、うち3か月以上延滞している人が17万人を超えています。

理由は、正社員に就けずに派遣社員やアルバイトで収入が低いことや、失業・無職などによるものがあり、なかには「親の経済困難」を挙げる人もいます。

つまり、**子ども自身に奨学金の返済が負担になっているばかりか、いざというときは親に返してもらうつもりが、親もそれが困難になっている**ということです。

こうした状況から、同機構では卒業後の月々の返済額を、最長10年間、半分くらいに軽減する制度も創設することになりましたが、以前でも最長20年という返済期間がさらに伸びることになり、負担はいつまでたっても続くことになります。

日本学生支援機構には、返済時に利息のつかない第一種奨学金もありますが、親の所得制限のほかに子ども自身の学力基準も厳しく、融資枠が限られています。

そこで、利息付きの第二種を使う場合、月々５万円の奨学金を４年間借りると、卒業後は月に約１万６７００円の返済が15年も続きます。月８万円で４年間なら、返済額は月に約２万１５００円、返済期間は20年になります（次のページを参照）。

現在、月々10万円もの奨学金を借りている学生がけっこういますが、こんなに借りるのはお勧めできません。在学中はラクになったとしても、卒業した時点で子どもは５００万円近くの借金を抱えることになり、先行きが心配です。

実際に、結婚して子どもが生まれても、奨学金を返し続けている家庭はありますが、その分だけ、生活費として使えるお金は少なくなり、貯蓄もしづらくなってしまいます。**自分の奨学金の返済によって、わが子の教育費の貯蓄ができず、その子もまた奨学金や教育ローンに頼るという悪循環になってしまう**わけです。

大学費用に奨学金を利用した場合

月5万円ずつ
4年間借りたら
（貸与総額 **240万円**）

卒業後の返済は……
◆返済期間15年で
月1万6769円
（返済総額　約**302万円**）

月8万円ずつ
4年間借りたら
（貸与総額 **384万円**）

卒業後の返済は……
◆返済期間20年で
月2万1531円
（返済総額　約**517万円**）

親が200万〜300万円くらい
先に準備していたら、この半分の借り入れで
済むことも多く、子どもは10年以内に
返済しやすくなる

※日本学生支援機構の第二種奨学金の例で、
返済額は上限金利の3%だった場合

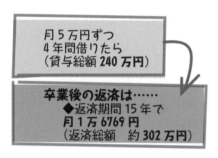

子どもが小さい頃から、月に1万円でも2万円でも教育資金の積立をしていれば、高校卒業までに最低でも200万〜300万円は貯められます。これくらいの資金が用意できれば、進学先によっては、学費の大半をまかなうことができます。

最近は、成績の優秀な学生には、返済義務のない給付型の奨学金を支給したり、学費の軽減や補助を行う大学も増えていますから、やる気のある子どもなら、そうした制度を利用できるように進学先を選び、勉強させるのもいいでしょう。

奨学金や教育ローンは、本当に最後の手段として、借りる場合もできるだけ少なくてすむようにしたいもの。借りた場合は、学校卒業後にしっかり働いて返すように親が仕向け、結婚するまでに完済するような返済計画を立てることが大切です。

こうすれば OK

★教育費は大学入学までに300万円を目安に、小さい頃から準備する
★奨学金はどうしても不足する分だけ、子ども自身で返せる金額にする

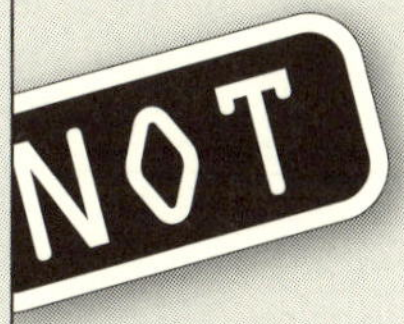

《6章》

やってはいけない保険の入り方・見直し方

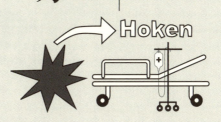

結婚しても子どもができてもこんな生命保険はいりません

ひと昔前と異なり、最近の若い人たちは生命保険に加入していない人が増えているようです。確かに、独身で、親兄弟などを扶養しているのでもなければ、自分が万一のときでも経済的に困る人はいないのですから、生命保険は必要ありません。

ただ、結婚したり子どもが生まれたりすると、やはり不安になる人がほとんどで、保険会社に電話したり、街中の保険ショップを訪れて、勧められるまま高額の生命保険に加入するケースが少なくありません。

しかし、本当にそれだけの保険が必要なのか、冷静に考えてください。

というのは、結婚しても子どもがいなければ、夫婦どちらかに万一のことがあっても、残されたほうは独身に戻るだけ。専業主婦になった女性でも、また働き出せば、自分一人を養うくらいはできるでしょう。**死亡保障の保険は、残された家族の生活を支えるための保険ですから、子どものいない夫婦にはそれほど必要ありません。**

では、子どもが生まれた家庭の場合は、どうでしょうか？

子どもがいる家庭で、生計を支えるご主人に万一のことがあったら、公的年金である国民年金や厚生年金から、遺族年金が支給されます。金額は、高校生以下の子どもが一人か二人の場合で、ご主人が会社員なら月に13万～15万円くらい、自営業のご主人でも月8万～10万円くらいはもらえます。

住宅ローンがあっても、大半の人はローン契約時に団体信用生命保険に加入しているので、この保険でローンの残りが相殺されるため、以降はローン返済の心配なく、マイホームに住み続けることができます。とすれば、遺族年金をもらいつつ、奥さんがちょっとパートで働けば、残された妻子が生活していくことはできるでしょう。

しかし、心配なのは子どもの教育費。子どもがまだ幼い場合、大学を卒業するまでに1000万円くらいの教育費がかかります。さらに遺族年金のうち、国民年金から支給される遺族基礎年金は、子どもが高校3年の3月までしかもらえないため、いちばんお金がかかる大学時代は、生活も厳しくなることが予想されます。

そこで、**幼い子どもがいる家庭は子ども一人につき1000万円を目安に、当面の生活費のカバー分を加えた金額だけ、死亡保障の保険に入ればいい**でしょう。

たとえば、持ち家で子ども一人の家庭なら、夫の死亡保障は1500万〜2000円程度、子ども二人なら2500万〜3000万円くらいが目安。賃貸住まいでも、夫が万一のときは実家に戻って暮らすなら、同じくらいでいいですし、そうでなければ家賃分を考えて、500万〜1000万円くらい多めにすればいいでしょう。

こうした死亡保障の保険に入る際、保険会社の人や保険ショップの勧めるままに、終身保険と定期保険に分けて入る人もいますが、それも考え直したほうがよさそう。

終身保険は、一生涯の死亡保障を確保できる代わりに、保険料は高めです。葬式代や死後の整理費用として、「300万円程度の終身保険は絶対に必要」といわれるケースも多いのですが、お葬式代くらいは貯蓄でまかなえる家庭も多いはず。最近は家族葬として、50万〜100万円の安い費用ですませる方法も普及していますから、お葬式代のためだけに、わざわざ高い保険に加入する必要はありません。貯蓄性があるといっても、20年以上前の予定利率の高かった時代なら別ですが、今は予定利率が低く、けっして有利とはいえません。

妻子の生活費や教育費をカバーするための保険なら、掛け捨て保険で十分です。ネット生保などの割安な定期保険や、月々10万円くらいを20年間くらいずっともらえる収入保障保険なら、保険料は月に５０００円以内ですむでしょう。

もともと生命保険は、万一のことが起こったら保険金をもらえますが、そうでなければ支払った保険料は他の人の保険金にまわったり、保険会社の経費に使われたりするだけの掛け捨て型が基本です。貯蓄型の保険といっても、貯蓄にまわる部分は、掛け捨て保険にプラスして保険料を多めに払っているだけなので、その分は自分で貯蓄したほうが、お金をムダなく効率的に生かせます。

こうすれば OK

★大黒柱の夫の死亡保障は子どもの教育費を考えて必要額を検討
★割高な終身保険はやめ、掛け捨ての定期保険で最低限だけ入る

新タイプの保障につられて医療保険を増やすのはムダです

ここ数年は、死亡時の保険より、生きているときの病気やケガを心配して、医療保険を見直したり、増やしたりする人が増えています。

実際、保険会社も新タイプの医療保険やがん保険を次々と出して、広告・宣伝に努めていますから、ついつい見直したくなる気持ちになるのでしょう。

しかし、**病気やケガで入院したり手術をしても、医療費の自己負担はそれほど高額になるわけではありません。**それは、公的な健康保険によって、一定額以上の医療費がかかったら、1か月ごとに払い戻される「高額療養費」の制度があるからです。

たとえば、入院して1か月に30万円の医療費を病院から請求されたとします。この30万円というのは、健康保険による3割の自己負担分なので、実際にかかった医療費は１００万円ということ。ただし、この３割の自己負担にも上限があります。

平均的な給与（月給が27万〜51・5万円）の人なら、自己負担が月に８万１００円を超える医療費がかかったら、超えた分の医療費は１％の負担ですむようになっています。その計算で考えると、月に１００万円の医療費がかかった場合、実際の自己負担は８万７４３０円ですみます。病院の窓口でいったん30万円支払ったら、そこから８万７４３０円を引いた約21万円が、申請によって還付されるのです。

あらかじめ入院するとわかっていたら、加入する健康保険の窓口に事前に申請し、「限度額適用認定証」を発行してもらい、これを病院の窓口に健康保険と一緒に出せば、最初から窓口での支払いが月に９万円弱の自己負担ですみます。

というわけで、**医療費がかかったとしても、実際に負担するのは１か月に９万円弱の人が多く、月給が27万円未満なら自己負担は６万円程度ですみます。**さらに直近１年間に３か月以上、この高額療養費に当てはまると、４か月目からは自己負担が４万４４００円に減少します。半年くらい入院しても、食事の負担金などを除けば、トータルでの医療費は50万円もかからないでしょう。

会社員の場合、勤務先の健康保険組合によっては、この自己負担がもっと少なくてすむ場合もあるので、ぜひ調べてみてはどうでしょう。

高額療養費の対象になるのは、健康保険がきく医療費だけで、入院中の食事代や差額ベッド代などは別になります。ですが、最近はほとんどの病気やケガの治療・手術、一部を除けば、がんにかかったときの放射線治療も健康保険の対象になっていますから、それほど心配いりません。75歳以上になれば、高額療養費による自己負担はさらに低くなります。


新しいタイプの医療保険は、手術給付金の支払い対象が広くなったり、先進医療の保障が付いていたりして、それを目当てに入り直したりする人も増えていますが、実際に給付金をもらえるケースは、それほど頻繁にあるわけではありません。

特に先進医療については、健康保険の対象になる前の様子見の治療法というわけで、指定された病院でしか受けられません。その効果や安全性が認知されれば、健康保険の対象に組み入れられるため、随時入れ替わる仕組みになっています。**先進医療の保障が付いた保険だからといって、自分が病気のときに役立つかどうかは疑問。**

それでも、いざというときに貯蓄が目減りするのは嫌だ、心配だと思ったら、入院中の食事代や差額ベッド代、雑費などをカバーするために、入院1日当たり5000円から1万円程度の医療保険に入るのも方法です。先進医療の特約も、保険料は100円前後なので、お守り代わりにつけておくのは自由です。

ただし、**医療保険は比較的、保険料が安いとはいえ、月に3000円前後でも30年間では100万円を超えます。**終身払いで50年間支払い続ければ、トータルでは180万円くらいで、夫婦2人分ならその倍になることを忘れずに。

医療保険に頼るより、まずは誰でも加入している自分の健康保険の制度をしっかり調べておくほうが、いざというときにも安心です。

こうすれば OK

★医療保険よりも、頼りになる健康保険の制度を活用する

★新しい保険に目移りせず、心配なら入院保障だけ少しあればいい

NOT

こども保険や学資保険で教育費を貯める必要なし！

子どもが生まれたら、「こども保険や学資保険に加入しなければ…」と思う家庭も多いのですが、これもひと昔前の常識にとらわれた考え方といえるでしょう。というのは、すでに10年以上前から、こうした保険も有利ではなくなっているからです。これから入るなら、なおさらです。

子どもの将来の教育費などを準備するためのこども保険は、契約者、一般的には父親などが万一のときに、以降の保険料の支払いが免除され、進学時や満期時にもらえる保険金や学資金は、契約通りに受け取れるという保険商品です。

契約者の死亡保障が付いた保険なので、父親が契約者になる場合、すでに父親に十分な死亡保障の保険があれば、わざわざ加入する必要がない保険ともいえます。

郵便局（現かんぽ生命）の学資保険も基本的には同じで、民間生保で学資保険という名称で売られている保険も、保険の種類では「こども保険」になります。

さて、こうした保険が人気を集めているのはどうしてでしょう。

「保険なら、貯蓄が苦手な人でも確実に貯められて、教育資金を無理なく準備できるから」という人もいますが、貯蓄目的で加入するなら、その利回りを確認して本当に有利かどうかをチェックすることが重要です。

現在、学資保険やこども保険の多くは、支払う保険料の総額と将来もらえる保険金や学資金は同程度です。一時期は戻り率が１１０％前後の商品もありましたが、マイナス金利政策によって、戻り率のよかった学資保険などは次々に販売停止や休止になっています。15年～18年も払い続けても、満期時にもらえるお金がほんの少ししか増えないのであれば、貯蓄代わりに利用する意味はあるのでしょうか？

まして、子どもの入院保障を付けたり、契約者の死亡後に育英年金が支払われるタイプなどは、確実に元本割れになってしまいます。

はじめから金融商品としてはそれほど有利ではない、またはソンすることがわかっていて、こうした保険に入るのはお金のムダ。保険料の分を自分たちで積立でもしたほうが、よほど確実にお金を貯められます。

保険の場合、変額タイプを除けば、契約時に決められた予定利率がずっと続くため、固定金利の商品と同じ。**今のように予定利率が最低水準のときに貯蓄型の保険に加入するのは、もっとも避けたいこと。こども保険も同じ**です。

しかも、途中で何かあって解約すれば、それまでに払い込んだ保険料よりも、少ないお金しか戻ってこないということが、大きな問題です。子どもが幼い家庭では、この先、不測の事態などで、いつ、まとまったお金が必要になるかはわかりません。だからこそ、目的や受け取り時期が最初から決められていて、それ以外で換金するとソンする商品にお金を預けるのは、賢い選択とはいえません。

預貯金などで積み立てていれば、進学先が中学・高校から私立に変わり、予定よりも早くお金が必要になったときにも、そこから一部を解約したり引き出したりすることができます。受け取る利息は中途解約利率になり、当初の予定より減ることはあっても、積み立てたお金の元本自体が減ることはありません。

しかも5年後、10年後に市場金利が上がったら、それまで積み立てた分を別の預け先に切り替えて、有利に増やすこともできます。そのときどきの経済情勢に合わせて、臨機応変に預け先を見直すためにも、預貯金のほうが便利というわけです。

すでにこども保険に加入している家庭は、中途解約はソンなので、そのまま続けるほうがいいでしょう。その場合は、余分な特約を解約し、支払い方法を年払いなどに変更することで、貯蓄性は少し改善できるので、試してください。

ただし、**こども保険だけで大学費用などがすべてまかなえる家庭は少ないはず。それだけで安心せず、貯蓄でも準備して、今後は両方で貯めていきましょう。**思ったより教育費がかからなければ、残りは老後資金にまわすことができます。

こうすれば OK

★これから入るなら、こども保険より貯蓄での積立を選択すべし
★加入中の家庭はこども保険だけに頼らず、貯蓄との両輪で貯める

見直しづらい解約しづらい貯蓄型保険は家計の足かせです

景気の低迷や収入の伸び悩みで、保険を見直す家庭が増え、1世帯当たりが支払う保険料はこのところ減り続けています。生命保険文化センターの調べでは、１９９７年のピーク時には1世帯当たり年間67万６０００円だったのが、２０１５年には38万５０００円と、30万円近くの減少になりました。

そんななかで、**いまだに年間70万円も、80万円も保険料を支払っている家庭があります。その多くは、「貯蓄型の保険に入っている」**という点が気になります。

しかも、**それらの貯蓄型保険は、とても見直しがしにくい、やっかいな保険であることも共通**しています。

その一つが、数年前まで人気を集めていた「低解約返戻金型の保険」です。

　これはある保険会社が最初に売り出して、保険代理店などが目をつけ、「こども保険よりも有利」「老後の資金作りにもなる」と勧めたことから、急速に加入者を増やしました。その後、他の保険会社でも同様の保険を販売しています。

　たとえば、低解約返戻金型の終身保険の場合、加入時に決めた保険料の払込満了までは、解約返戻金を低く抑えているため、保険料が通常の終身保険よりも安くなるというものです。保険料の払込満了後は、解約返戻金が払い込んだ保険料の総額よりも多くなるため、無事に保険料を払い終えれば、貯蓄代わりになるといいます。

　この保険料払込満了時期を、15年後などして、それ以降に解約すれば、子どもの大学資金にも充てられ、「こども保険よりもトクになる」といわれていました（今は保険料が変わり、それほどトクではない）。もう少し保険料払込期間を長くすれば、「夫婦の老後資金にもちょうどいい」と勧められるケースもあります。

　ただし、この保険には大きな落とし穴があります。

　保険料の払い込み期間中に解約すると、通常の終身保険よりも解約返戻金は3割ほど少なくなり、元本割れの度合いが大きくなるということです。

　つまり、いったん加入したら、解約したくとも確実にソンするため、保険料を払い続けるしかないという、とても見直しづらい保険なのです。

この保険に入ってしまい、年間で15万～20万円くらいの保険料の支払いが負担になっている家庭が、けっこう多いというのも事実です。加入当初は払い続けられると思っても、子どもの成長とともに支出が増えたり、夫の収入が減ったりして、支払いが苦しくなっているケースは少なくありません。

独身時代や結婚当初に加入した個人年金保険や、養老保険などに加入している家庭でも、同じように保険料の支払いがきつくなっても、「今やめるとソンになるから」と、仕方なく保険料を払い続けていることもあります。

円建ての保険よりも有利だからと勧められ、外貨建ての保険に入った家庭も、為替相場の変動で保険料が毎月変わり、将来受け取る保険金も増減することに不安を覚えている人がいます。いずれにしても、困った保険の入り方といえるでしょう。

そんな場合は、**「払い済み保険」にすることを検討**してみましょう。

払い済み保険とは、その時点の解約返戻金をもとにして、保険期間は今までと同じで保険金額を小さくする、より小型の保険に変更する方法です。これによって、保障額は減りますが、**今までの保険料をムダにせずに保険を継続することができ、以降は保険料の支払いがなくなるというのが、大きなポイント**です。

払い済み保険にできるのは、解約返戻金のある保険、つまり貯蓄型の保険だけで、払い済みにすると特約はなくなり、主契約だけになります。しかし、保険料を払い続ける必要がなくなり、保険そのものは今までと同じ予定利率で継続できます。金額は少なくなりますが、終身保険なら死亡保障は一生涯続き、解約時には解約返戻金を受け取れます。養老保険の場合は満期時に満期保険金をもらえます。

貯蓄型保険が重荷になったら、払い済み保険にできないかを保険会社に問い合わせて、家計の負担を早めに取り除くほうがいいでしょう。

こうすれば OK

★これからの時代、見直しづらい貯蓄型保険はやめたほうがいい
★加入中の貯蓄型保険は「払い済み保険」にする手もある

火災保険だけではダメ！地震保険はまとめ払いがトク

ふだんから「保険は最低限でいい」と言い続けている私が、唯一、多くの家庭で必要と思えるのが、住まいの火災保険と、それに付帯する地震保険です。

阪神淡路大震災から東日本大震災、最近では熊本地震と、大きな地震によって大事な住まいや財産を失った人が大勢いました。こうした地震が起こるたびに、「もしものとき、わが家は大丈夫だろうか？」と、不安を覚える人もいるはずです。

地震大国の日本では、近い将来、どこにいようと大きな地震が発生する可能性がありますし、国もそうした地震災害への警戒感を強めています。

マイホームを購入したとき、建物については火災保険に加入することが必須条件になるため、大半の家庭では建物の火災保険には加入しているでしょう。しかし、地震保険は任意加入のため、加入していないケースも多いのです。

地震保険の世帯加入率は、２０１４年の全国平均が28・8%で、地域によっては20%を下回るところもあります（損害保険料率算出機構の資料より）。阪神淡路大震災や東日本大震災のあとに、徐々に増加しているとはいえ、まだこの程度です。


地震と地震による津波や火災で住んでいる家が倒壊したり、被害を受けたりしたときは、火災保険ではカバーされません。地震には、地震保険で備えるしかないのです。

地震保険の保険金額は、火災保険金額の30～50%となるため、全壊したときにも、この保険金だけで新たに家を建て直したり、購入できたりするわけではありません。

しかし、この保険金があるのとないのでは、生活の再建にも大きく影響してきます。

支払われる保険金は現在、全損の場合で保険金額の１００%、半損なら50%相当、一部損では５%相当の３段階ですが、２０１７年からは４段階になる予定です。

まだ未加入の家庭は、加入中の火災保険に付帯することを検討しましょう。

地震保険は、支払いが巨額になるような大地震が起きた場合には、国が支払いの一部をフォローするという官民一体の保険になっています。そのため、**保険料は地域と**

建物の構造などで決まり、どこの保険会社で加入しても同じですから、加入している火災保険の会社に問い合わせ、調べてみるといいでしょう。

地震のリスクが高まっている現在、保険料率は徐々に上がっていて、２０１７年以降も値上げが予定されているため、加入するなら早めに手続きを。保険期間は1年から最長5年までで、**２～５年契約でのまとめ払いなら、割引も受けられます。**

これから更新を迎える人も、値上げ前に5年契約にしておくと、少しでも保険料を安くできます。免震建物や耐震等級による割引もあります。

持ち家が一戸建てなら、建物だけでなく、家財の火災保険にも地震保険を付帯すれば、いざというときは両方から保険金が支払われ、さらに安心です。

ちなみに、１９８1年5月以前の旧耐震基準で建てられた住宅の場合、耐震診断や耐震補強工事に対し、自治体から補助が受けられるため、これらも活用しましょう。

気になるのは、マンションの共用部分について、地震保険に加入していないケースが多いことです。

分譲マンションの場合、建物の本体（躯体部分）や、廊下やエレベーターといった共用部分は、所有者全員の財産になるため、区分所有者で構成する管理組合で管理しています。最近できた新築マンションは耐震・免震構造のことも多く、それほど心配いりませんが、築年数が経っているマンションでは地震で壁が剥がれたり、ひび割れなどの被害も出ています。共用部分について地震保険に加入しているかを確認し、未加入であれば、管理組合や理事に加入することを提案してみるのも方法です。

そして、各自の専有部分については家財の火災保険に地震保険をセットしておけば、地震で家具などが倒れたり、壊れたりしたときなどに保険金で対処できます。

賃貸住宅の人も、建物部分は大家さんが保険に加入するため、自分たちの家財の火災保険に地震保険をセットして、万一に備えましょう。

こうすれば OK

★大事な家と財産を守るためには、万一に備えて地震保険に加入する
★地震保険は5年契約のまとめ払いで、少しでも割引を受けるのがコツ

NOT

若いうちから介護保険に入るより公的保障や各種制度のフル活用を

最近よく相談を受けるのが、将来の介護に対する不安です。

平均寿命が伸びて、高齢者が増加している現在、当然ながら、介護の必要が生じる人も増えています。自分たちも高齢になって介護が必要になれば、その費用が老後の生活を圧迫するのではないかという、不安を抱える人が多いようです。

実際に40～50代になると、周囲には親の介護が始まる人たちも出てきて、そうした話を聞くケースが増えてくることも、不安を高める原因の一つでしょう。

親の介護費用は、親自身の年金や貯蓄から支払うのが一般的で、その点を心配している人はあまり多くはありませんが、自分たちは親世代ほど年金も多くないから、「今から民間の介護保険で備えたほうがいいのだろうか」と考える人もいます。

民間生保でもここ数年、介護保険や介護保障を付けた終身保険などの種類が増えてきました。介護保険や介護保障は、一定の要介護状態になると一時金や年金が支払われるというもの。支払い条件は要介護2または4以上など、公的介護保険に連動するタイプが主流ですが、その保険独自の支払い基準を設けているものもあります。

保険料は40歳前後の場合、掛け捨ての定期型だと月数千円程度からありますが、これだと本当に介護が必要になる80歳以降の保障がなくなることも。しかし、**一生涯保障される終身型だと月1万～2万円というケースが多く、けっして安くはありません。**それでも加入すべきか、そこが悩みどころでしょう。

そもそも、介護が必要な状態になったら、公的介護保険に申請し、要介護度の判定を受けます。そこで要支援または要介護と判定されたら、7段階の判定結果に応じて決められた限度額の範囲で介護サービスを利用することができます。

利用者が支払う金額は、限度額の範囲なら実際に利用したサービス額の1割（所得が一定以上の人は2割）ですむため、毎月の負担額は5000円程度から最高でも3万6000円台というケースがほとんどです。

介護サービスのメニューは豊富で、在宅介護であれば、週に数回、身体介護や生活援助などの訪問介護を受けたり、訪問看護やリハビリ、デイサービスを利用してお世話をしてもらうといったことができます。

デイサービスの施設では送り迎えをしてくれて、食事やおやつも出ますし、介助付きで入浴もできます。身体機能を保つための軽い運動や、各種のイベントを含めたレクリエーションもあるなど、高齢者向けの保育園のような施設になっています。

このデイサービスを運営する事業者はかなり増えていて、施設は全国で3万7000か所と、郵便局の数より多くなっています。指定された介護施設に入所したり、有料老人ホームなどに入居した人も、公的介護保険を利用することができます。そのため、介護にかかる費用はかなり抑えられるようになっています。

気になる人は、このような**介護に関する情報を集めておけば、自分たちの老後に対する漠然とした不安も軽くなる**かもしれません。

一方で、介護については、将来自分に介護が必要になるかもしれないというリスクのほかに、高齢の親や配偶者など、自分が家族を介護する側になるリスクもあります。

当面は、こちらのリスクのほうがより高いという人が多いでしょう。

介護する側になる際にも、前述のような公的介護保険をフルに活用することが重要ですが、もう一つ、いちばん問題になるのが時間のやりくりです。

同居の親でも、離れて住んでいる親でも、介護が必要になったら、最初に公的介護保険の申請をして判定を受ける、介護サービスの利用の仕方を決めるといった、さまざまな手続きが必要です。さらに、サービスが始まるまでの介護や生活援助はもちろん、その後も定期的な見守りやサポートは欠かせないため、仕事を持つ人にとって、その時間のやりくりが大きなネックとなっています。

そんなときも、会社員なら介護休業や介護休暇を利用して乗り切りましょう。

雇用保険の改正で、**会社員は今後、今までより介護休業を取得しやすくなります。**２０１６年８月から介護休業中の給付金は給与の３分の２相当に増え、２０１７年からは介護対象となる家族の範囲が広がり、１人に付き最大93日までを３回に分割して取得することも可能になります。また、改正前は１日単位となっていた介護休暇も、半日単位で取得できるようになります。

現在、介護を理由に年間10万人近くの人が離職するといわれていますが、親の介護などで会社を辞めてしまうと、その後の職場復帰は難しくなり、経済的に行き詰って、自分の老後にまで影響してきます。会社員なら介護休業や介護休暇を利用して、自営業の人もできるだけ働き続けることが大切でしょう。

これから当分、高齢者の数は増えていきますが、今の30〜40代の人が高齢になる30年くらい先には、団塊世代の人たちもいなくなり、人口の減少とともに高齢者の数も今より減るかもしれません。そうなると、介護のための施設や老人ホームなども、もしかしたら今より余裕が出て、利用しやすくなることも考えられます。

遠い将来のために、今から民間の介護保険に入るより、**そのときどきの制度を活用し、状況に応じて臨機応変に対処するすべを身につける**ことが大切でしょう。

こうすれば OK

★介護が必要になったら、公的介護保険のサービスをフルに活用する

★家族の介護でも仕事は辞めず、働き続けるための工夫をする

NOT

《7章》

やってはいけない老後への備え方

「公的年金よりも個人年金」という考え方は大間違い

老後にもらえる公的年金については、50代よりも40代、30代と、若い世代ほど「アテにならない」と考えている人が多いようです。20代ともなると、「老後なんてまだまだ先だし、自分たちには関係ない」とばかり、国民年金に未加入、未納というケースも少なくありません。

しかし、**公的年金は高齢になって働けなくなったときに、月々決まった金額の年金をもらえる、というだけの制度ではありません。**

原則として65歳になったときから死ぬまで、一生涯もらえる「老齢年金」に加え、一定期間以上加入して保険料を納めていれば、若い人でも突然の事故や病気で障害状態になったときには「障害年金」が支給され、大黒柱の配偶者が亡くなった場合は、

遺された家族に「遺族年金」（147ページ参照）が支給されます。

つまり、若いときから公的年金に加入していれば、老後の生活を支える年金がもらえるほか、同時にいま現在のもしものときにも安心な保障も付いてくるという、民間の個人年金保険などより、ずっとおトクな制度なのです。

会社員や公務員の場合、公的年金の保険料は勤務先と折半で、自動的に給与やボーナスから差し引かれるため、未納という人はいませんが、自営業やフリーで働く人、パートやアルバイトで働く人は、市区町村の窓口で国民年金の加入手続きを行い、月々の保険料を納めましょう。会社を退職して失業中の人も同じ。

この手続きをしなかったり保険料を滞納し続けたりすると、老後の年金をもらうための加入期間を満たせなくなり、万一のときには障害年金も遺族年金ももらえません。

老後の年金は原則、25年以上加入した場合に受給できますが、この**受給資格期間を10年に短縮することも予定されている**（2016年8月現在では、2017年度中に実施する案が有力）ため、まずは加入し続けることが大事。

ちなみに、現在は国民年金に20歳から60歳まで40年間加入した場合で、65歳からもらえる老齢基礎年金は年間約78万円です。会社員や公務員は、この老齢基礎年金に加えて、勤続中の給与に応じた老齢厚生年金ももらえます。平均的な収入で40年間会社員だった男性なら、老後の年金は合計で年間200万円くらいです。

かりに年200万円で65歳から85歳までの20年間生きたなら、受け取り総額は約4000万円。会社勤めの期間が5〜10年で、以降はずっと専業主婦だった女性でも、年間80万〜100万円くらいもらえる人が多く、20年では2000万円近く。国民年金だけに加入した自営業者でも、20年間で1600万円弱もらえます。しかも、長生きすればするほど、年金の受け取り総額は多くなります。

この権利を放棄して、個人年金保険で貯めようと思ったら、保険料の支払いは大変です。たとえば、60歳から年間100万円の年金を10年間受け取れる確定型の個人年金保険でも、現在は25歳で加入すれば保険料は月2万円くらい。35歳なら3万円くらいかかります。それで10年間の受け取り総額は1000万円。同じ年金額100万円を一生もらえる終身型の個人年金保険に、これから加入しようと思ったら、それこそ保険料は月5万〜8万円にもなってしまいます。

現在の年金保険料と比べても、個人年金保険などより、公的年金のほうがどれほど

有利かはわかるでしょう。理由の一つは、基礎年金の半分は税金で支えているからです。将来、公的年金の制度が少しずつ変わっても、それまで加入した各自の年金の受給権は守られるため、納めた保険料がムダになることはありません。

というわけで、若いうちから老後に備えるなら、公的年金にきちんと加入して保険料を納めることが第一。**国民年金保険料は、収入が大幅に減少したり、学生や収入の少ない50歳未満の人には免除制度や猶予制度もある**ので、それを活用しましょう。

それ以外のことは、第1章でも説明したように50歳くらいから考え始めればいいので、老後資金の前に、数年後の生活のために貯蓄を増やすことを考えましょう。

こうすれば OK

★20代、30代なら老後の準備は公的年金の保険料を納めるだけでいい

★「公的年金より個人年金」と考えていたら、今すぐ改めよう

NOT

60歳からのリタイアプランよりも第二の働き方プランを！

ひと昔前までは、老後資金の準備について考える際は、「60歳からのリタイア後の生活を考えて、必要な資金を算出し、早めに準備をスタートする」という考え方がほとんどでした。

つまり、60歳で退職するということが前提になっていたわけです。

しかし、今や60歳で定年を迎えても、悠々自適のリタイア生活に入れる人はほんの少し。公的年金が満額もらえる65歳までは働く人がほとんどですが、**今後は65歳どころか、70歳くらいまで働くつもりでいたほうがいいでしょう。**

というのは、現在の年金制度では、男性は昭和36年、女性は昭和41年の4月2日以降に生まれた人（公務員は女性も男性と同じ）から、公的年金は全員65歳からの支給

開始になります。それ以前の生まれなら、年金の一部が60代前半でもらえる人もいますが、その場合でも金額はそれほど多くはありません。

すでに55歳より下の人たちは、60歳で仕事をやめたら、65歳まで公的年金をもらえず、無収入になってしまう可能性が高いわけです。その間、貯蓄を取り崩して生活しようなどと思ったら、それこそ老後資金を1000万円以上余分に用意しなければならなくなります。

もしも将来、年金の支給開始が68歳とか70歳などと、今よりもっと遅くなったら、どうするのでしょう。その可能性だって、十分にありえます。

そういう意味では、**老後に備えるならば、60歳からの必要資金をあれこれと試算するよりも、「60歳からの働き方」を考えるほうが、よほど現実的**といえるでしょう。

たとえば、すでに50代に入った人たちなら、60歳から夫婦で月に20万〜25万円くらい稼げるような働き方を調べておきましょう。

会社員の場合、60歳の定年後も継続雇用で働き続けられる会社は増えていますが、残念ながら、全員が希望通りに会社に残れるとは限りません。また、60歳以降は給与がそれまでの半分くらいに減少するケースも多いようです。

しかし、別の会社に再就職したり、パートタイムになったとしても、夫婦で協力して働けば、月に20万〜25万円の収入を確保するのは、それほど難しいことではないはず。それだけ確保できれば、会社員家庭が65歳から夫婦でもらえる年金額とほぼ同じです。その金額で生活できるようなやりくりの習慣をつければ、年金生活になっても、貯蓄を取り崩さずに暮らせるかもしれません。

もちろん、65歳から夫婦で年金をもらえるようになっても、働けるうちはできるだけ長く働き続ければ、受け取る年金は70歳以降のために貯めておくか、繰り下げ受給にして増やすこともできます。そうすれば、老後資金として60歳までに貯めるお金は、それほど多くなくても、何とかなるかもしれません。

まずは、**50歳までに住宅ローンを含めて借金がゼロになっていれば、50歳から60歳までに貯蓄ペースを一気に上げることもできます。**子どもが学校を卒業すれば、年間100万〜150万円くらい貯められる家庭も少なくありません。それに退職金を加えたら、60歳の時点で2000万〜3000万円の貯蓄も実現できます。これを70歳くらいまで目減りしないように確保しておけば、長生きしても安心です。

現在、20代～40代の人たちも、基本的には同じです。60歳からの生活資金を考えて今から老後資金を貯めるより、当面は先に必要となる資金をしっかり貯蓄し、借金があれば、それを早めに返済することを優先しましょう。そして、60歳以降も働き続けられるような仕事の能力や技術を身につけていきましょう。

若い人ほど、公的年金や退職金は、いま現在の水準で試算してもアテになりませんから、**60歳以降も働き続けるための仕事の能力を磨き、健康な体を維持し続けることが、これからの時代、老後の生活への大きな備えになる**はずです。

こうすれば OK

★60歳で退職ではなく、65歳、70歳まで働くための準備をする

★50歳から60歳までに貯めた資金は、70歳から活用する

「退職金で住宅ローンを完済」「独立後の子どもへの援助」はNG

現在、30代から40代くらいの人たちなら、親は60代から70代くらいのケースが多いと思います。その場合、親たちは公的年金がソコソコもらえて、会社員だった場合は退職金をしっかりもらい、企業年金も受け取っているかもしれません。そんな親たちの老後の生活を真似しようなどと思ってはいけません。

退職金や企業年金は会社員の特権で、今でも勤務先に制度がある人はたくさんいるでしょう。しかし、これらが当初、期待通りの金額で受け取れたのは、現在60代後半の団塊世代の親たちが最後になるかもしれません。

制度はあっても、退職金の平均額は5年前、10年前と比べても徐々に減少していますし、企業年金も確定拠出型といわれる自己責任による運用で、年金額が増減するタイプに切り替わる会社が増えています（１８４ページ参照）。すでに50代になった人なら、かろうじて公的年金も「ねんきん定期便」に記載された見込み額でもらえるかもしれず、退職金や企業年金もある程度は支給されると思いますが、50代より下の世代になれば、どうなるかは見通しが立ちにくいと思います。

そんななかで、**やってはいけないことの一つが、退職金をアテにして住宅ローンを定年後に一括返済しようとすること**です。

かりに60歳の定年退職時に、２０００万円前後の退職金（大卒で勤続年数35年以上の人の平均額）を受け取ったとしても、そこから住宅ローンの残りを完済したら、手元には半分くらいしか残らなくなる家庭も出てきます。ほかにも１０００万円以上の貯蓄などがあれば別ですが、そんな貯蓄があれば、もっと早く住宅ローンを繰り上げ返済しているでしょうから、退職金をアテにするのは、もともと貯蓄が少ない家庭と考えられます。そうなると、退職金の残りも早めに底をつき、70代からは心細い生活になってしまうかもしれません。

公的年金と企業年金で月に30万円以上の収入があった世代ならば別ですが、今の若い世代では、それらもどうなるかはわかりませんから、退職金がもらえたら、できるだけすぐに手をつけずに、残しておくほうが安心です。

そのためには、定年退職の前に、**できれば50歳くらいまでに住宅ローンは完済できるよう、30代、40代のうちに繰り上げ返済でせっせと返していくのが理想的。**

退職金で一括返済するつもりで、いつまでも住宅ローンを残しておくのは絶対にやめましょう。

もう一つ、現在の親世代のように、子どもにお金をかけすぎないことです。

自分たちは、親に十分な教育費をかけてもらい、結婚資金や住宅資金などを援助してもらった人も多いでしょう。子どもが生まれたら、孫かわいさに、何かにつけてお金を惜しまない高齢者は多いものです。子どもの人数は減っているため、夫婦それぞれの親から孫へと、各種お祝い金やこづかいが渡され、中には子どもに習い事や、私立小学校や私立中学の学費まで、親に援助してもらっている家庭さえあります。

しかし、自分たちが高齢になったときにも、同じようにできるとは思わないほうがいいでしょう。それどころか、**子どもには早く自立して、親をアテにしないで生活で**

きるように仕向けることが大切です。

自分たちの子どもがいつまでも親を頼り、大学を卒業しても就職が難しいからと、大学院に進みたい、留学したいなどと言い出したら、どうしますか？　今でも、子どもはアルバイトや派遣社員でこづかいを稼ぐだけ、生活費はすべて親任せの家庭は少なくありません。親が定年になり、年金生活になっても、子どもの面倒を見続けている家庭も多いのですが、今の40代以下では、高齢になったとき、そんな暮らしに耐えられるほど、資金的に余裕がある家庭は出てこないと思います。

子どもを早く自立させ、親を頼りにさせないこと。これも老後に備えるために早めに手をつけたい大事な準備といえるでしょう。

こうすればOK

★住宅ローンは50歳までに完済し、退職金には手をつけない
★子どもを早く自立させ、学校を出たら経済的な援助はやめる

確定拠出年金はここに注意しないとメリットは半減します

この数年、企業年金に確定拠出年金を導入する会社が増え、従来の年金額が決まっている確定給付型から、確定拠出年金に切り替える会社も増加しています。企業型の確定拠出年金の加入者は５００万人を超えました。

個人型の確定拠出年金も、２０１７年からは企業年金のある会社員や公務員、専業主婦まで加入できるようになり、今後、加入者は増えてくるかもしれません。

確定拠出年金は、公的年金を補完するものとして２００１年からスタートした年金制度で、企業が従業員を対象に導入する「企業型」と、企業年金のない会社員や自営業者を対象とした「個人型」があります。

確定拠出年金の掛け金は、企業型は勤務先が負担し、個人型は自分で負担します。

企業型は勤務先が提携する金融機関の商品から、個人型は申し込んだ窓口の金融機関の商品から自分で選んで運用しますが、選べる商品は投資信託が中心で、元本保証の商品はわずかしかありません。それでいて、将来もらえる年金は、その運用成果によって増減するという仕組みで、自己責任で運用するという点が従来の年金との大きな違いです。

また、企業型・個人型ともに、掛け金は一定額まで非課税で、運用中の利息や収益も非課税。受け取り時には、一時金でもらえば退職所得控除が適用され、年金でもらえば公的年金等控除の対象になるといった税金面での優遇があります。

会社員の場合、勤務先がこの企業型を導入すれば、自分では選択の余地なく加入者になります。運用商品を慎重に選んで、どれくらい増えているか、定期的に成果をチェックしていくことが重要でしょう。とはいえ、もとはといえば、将来の年金額を約束している確定給付型の年金では、企業が予定通りに年金を増やすことが難しくなったので、自己責任の確定拠出型に切り替えているわけですから、個人で運用したからといって、そう簡単に将来の年金を増やせるわけではありません。

場合によっては、経済情勢を見ながら運用する商品を切り替えるなどして、最低でも目減りしないように心がけることが大切といえるでしょう。

個人型の確定拠出年金は、自分で取り扱う金融機関に申し込み、専用口座を開設するなどの手続きをして、掛け金も自分で納めます。

自営業なら、掛け金が全額所得控除になり、その分、毎年の所得税・住民税が軽くなるため、老後のための貯蓄の一部を個人型の確定拠出年金で貯めるのも一つの方法といえます。ただし、窓口となる金融機関などに支払う手数料をよく調べてみることが不可欠。金融機関によって手数料はかなり異なり、年間にかかる手数料以上の収益を上げないと、わざわざこれで貯める意味はなくなります。いくら税金面でトクをしても、そのメリットは半減することに注意してください。

一方で、収入のない専業主婦などが個人型に加入しても、掛け金に対する非課税メリットはないため、お勧めできません。預貯金などの積立で十分だと思います。

勤務先で確定拠出年金に加入している人も、掛け金を自分で上乗せできるマッチング拠出を採用しているケースがあったり、個人型に加入できるようになったりしますが、企業年金のない会社員も含めて、利用するかどうかは慎重に検討を。

確定拠出年金はいったん積立を始めると、原則として60歳、加入期間によっては61～65歳まで引き出すことができません。これに老後のためのお金を集中し、毎月の掛け金を増やしてしまうと、その分、自由に使える貯蓄を増やせず、60歳になる前に、何かあったときに困ってしまうこともあります。

前にも述べた通り、50歳までは住宅ローンを繰り上げ返済し、教育資金の目途をつけることを優先して、借金を減らして自由に使える手元の貯蓄を増やしていくことが何といっても大切です。そのためにも、60歳過ぎまで引き出せない仕組みの年金商品は、利用するにしても最小限に抑えるほうがいいと思います。

こうすれば OK

★企業型に加入中の会社員は運用商品の選び方をしっかり検討する
★個人型は加入対象者が広がるが、手数料を考えて利用は慎重に

少しだけ加入した年金でももらい損ねは一生のソン！受け取り方も必ずチェック

50歳以上の人は、毎年の誕生月に届く「ねんきん定期便」で、自分がもらえる公的年金の見込み額がわかるようになっています。

この見込み額は、現在加入中の公的年金に60歳まで加入するものとみなした場合の金額なので、60歳になる前に会社から独立して自営業になったり、転職して給与が大きく変わったりすれば、年金額も変わります。また、実際には基本の年金額は毎年、物価などに合わせて見直されていて、今後も少しずつ改正されることがあるため、今の時点での目安と考えておきましょう。

とはいえ、一緒に記載されている**直近1年の加入履歴、保険料の納付状況、会社員の場合は年金額の計算のもとになる標準報酬月額（ボーナスの場合は標準報酬額）な**

どは、必ずチェックしておきましょう。

納めたはずの保険料が納めたことになっていない、実際の給与やボーナスに比べて標準報酬が少なすぎると思ったら、最寄りの年金事務所や年金相談センターに問い合わせたり、足を運んで確認したりすることが大切です。

もう一つ**注意したいのが、過去に加入した年金の請求漏れや、もらい損ね**です。

女性の場合、独身時代に加入した厚生年金は旧姓のため、現在の年金の見込み額にきちんと反映されていないケースもありますし、専業主婦になった際に第3号被保険者の届け出が遅れて、年金の空白期間ができてしまった人も大勢います。

転職や転勤などが多いご主人も、少し前まで加入期間の漏れや間違いは多発していましたから、夫婦でしっかりチェックしてみるといいでしょう。

また、過去に厚生年金基金や確定給付年金に短期間だけ加入した人や、基金などが解散・終了した人の年金は、企業年金連合会から支払われる可能性があります。元の勤務先や企業年金連合会の窓口で早めに確認しておきましょう。

退職時に、加入した厚生年金基金から一時金を受け取った人も、それは基金の上乗せ分だけです。厚生年金基金は国が支給する厚生年金の一部を代行しているため、代行部分の厚生年金は、基金または企業年金連合会から支払われます。この請求手続きを忘れる人も多いので、基金の加入者は短期間でも、請求しないと一生のソン。

50代になったら貯蓄ペースを上げる一方で、もらえる年金は少しでも漏らさず受け取れるよう、きちんと確認し、受給開始年齢になったらしっかり請求しましょう。年に数万円の違いでも、老後の生活の助けになりますし、その分があるとないとでは、10年、20年と積み重なればけっこう大きな違いになります。

また、会社員がもらえる企業年金や退職金は、一時金でもらうか、年金でもらうかを選択できるケースがあります。自営業者なども、前のページで説明した個人型の確定拠出年金や、小規模企業共済などを利用している人は、受け取り時に一時金か、年金でもらうかを選べるようになっています。

いずれも、**受け取り方によって税金のかかり方が異なることに注意**しましょう。60歳以降に一時金で受け取る場合、会社員は勤続年数（自営業者などは加入期間）に応じた退職所得控除を利用でき、税金はかなり軽くなります。一方で、年金で受け取る場合は公的年金と合算して公的年金等控除の対象になり、毎年の所得税・住民税が軽減できる仕組みです。どちらが有利かは、もらえる金額や、その人の公的年金などで異なるため、受け取り時に条件を確認し、試算してもらうといいでしょう。

ハッピーな老後を迎えるためにも、**お金に関することは人任せにせず、自分で一つずつ調べたり、実際に計算したりして、自分で確かめることが重要**です。

そのうえで、これから先、それぞれの年齢や状況に合わせたお金の使い方、貯め方をよく考え、面倒がらずに着実に実行に移していきましょう。

こうすれば OK

★公的年金、企業年金はもらい損ねがないように早めに確認する

★50代からは手元の貯蓄を増やし、上乗せ年金の受け取り方も調べておく

著者紹介

荻原博子
1954年、長野県生まれ。経済ジャーナリストとして新聞・雑誌などに執筆するほか、テレビ・ラジオのコメンテーターとして幅広く活躍。難しい経済と複雑なお金のしくみを生活に即した身近な視点からわかりやすく解説することで定評がある。著書に、ベストセラーとなった『隠れ貧困』（朝日新聞出版）ほか、『将来、お金に困らない「自分年金」をつくる本』（小社刊）、『荻原博子のハッピー老後』（毎日新聞出版）など多数ある。本書は、2011年に出版しロングセラーとなった『やってはいけないお金の習慣』に最新の情報を加え、加筆、再編集した。

[老後《ろうご》のための最新版《さいしんばん》]
やってはいけないお金《かね》の習慣《しゅうかん》

2016年10月5日　第1刷
2017年2月10日　第2刷

著　　者　荻《おぎ》原《わら》博《ひろ》子《こ》
発 行 者　小澤源太郎

責任編集　株式会社 プライム涌光
電話　編集部　03(3203)2850

発 行 所　株式会社 青春出版社
東京都新宿区若松町12番1号 〒162-0056
振替番号　00190-7-98602
電話　営業部　03(3207)1916

印　刷　中央精版印刷　製　本　大口製本

万一、落丁、乱丁がありました節は、お取りかえします。
ISBN978-4-413-23012-4 C0033